ちくま新書

ノーベル賞の舞台裏

共同通信ロンドン支局取材班 編
Kyodo News London Bureau

1289

ノーベル賞の舞台裏【目次】

プロローグ

ベールに包まれたノーベル賞

ノーベル賞のメダル(写真提供:共同通信社)

南部陽一郎（なんぶ・よういちろう）**08年物理学賞**
　自発的対称性の破れの理論。東大出身
小林誠（こばやし・まこと）**08年物理学賞**
　6種類のクォークを予言。高エネルギー加速器研究機構特別栄誉教授。名古屋大出身
益川敏英（ますかわ・としひで）**08年物理学賞**
　小林氏と共同受賞。名古屋大特別教授。名古屋大出身
下村脩（しもむら・おさむ）**08年化学賞**
　緑色蛍光タンパク質をクラゲで発見。米ボストン大名誉教授。旧制長崎医科大出身
鈴木章（すずき・あきら）**10年化学賞**
　有機合成のクロスカップリング反応を開発。北海道大名誉教授。北海道大出身
根岸英一（ねぎし・えいいち）**10年化学賞**
　鈴木氏と共同受賞。米パデュー大特別教授。東大出身
山中伸弥（やまなか・しんや）**12年医学生理学賞**
　iPS 細胞を開発。京都大教授。神戸大出身
赤崎勇（あかさき・いさむ）**14年物理学賞**
　青色 LED を開発。名城大終身教授。京大出身
天野浩（あまの・ひろし）**14年物理学賞**
　赤崎氏と共同受賞。名古屋大教授。名古屋大出身
中村修二（なかむら・しゅうじ）**14年物理学賞**
　赤崎氏と共同受賞。米国籍、米カリフォルニア大サンタバーバラ校教授。徳島大出身
大村智（おおむら・さとし）**15年医学生理学賞**
　熱帯感染症の特効薬開発。北里大特別栄誉教授。山梨大出身
梶田隆章（かじた・たかあき）**15年物理学賞**
　ニュートリノの質量を発見。東大教授。埼玉大出身
大隅良典（おおすみ・よしのり）**16年医学生理学賞**
　「オートファジー（自食作用）」の仕組みを解明。東工大栄誉教授。東大出身

【日本人受賞者一覧】

湯川秀樹（ゆかわ・ひでき）49年物理学賞
素粒子論で中間子を予言。京大出身
朝永振一郎（ともなが・しんいちろう）65年物理学賞
量子力学のくりこみ理論。京大出身
川端康成（かわばた・やすなり）68年文学賞
「伊豆の踊子」「雪国」など。東大出身
江崎玲於奈（えさき・れおな）73年物理学賞
量子力学のトンネル効果を半導体で実現。横浜薬科大学長。東大出身
佐藤栄作（さとう・えいさく）74年平和賞
非核三原則に基づく外交。東大出身
福井謙一（ふくい・けんいち）81年化学賞
化学反応のフロンティア軌道理論。京大出身
利根川進（とねがわ・すすむ）87年医学生理学賞
免疫抗体の多様性を解明。米マサチューセッツ工科大教授。京大出身
大江健三郎（おおえ・けんざぶろう）94年文学賞
生命と寓話が凝縮した世界を創造。東大出身
白川英樹（しらかわ・ひでき）00年化学賞
電気を通すプラスチックを合成。筑波大名誉教授。東工大出身
野依良治（のより・りょうじ）01年化学賞
有用な化合物を作る不斉合成を開発。理化学研究所フェロー。京大出身
小柴昌俊（こしば・まさとし）02年物理学賞
超新星からのニュートリノ観測。東大特別栄誉教授。東大出身
田中耕一（たなか・こういち）02年化学賞
タンパク質の質量分析技術を開発。島津製作所シニアフェロー。東北大出身

寒さには慣れている北ヨーロッパの住民が、冬の夜の長さと深さにうんざりし始める十二月上旬、スウェーデンのストックホルムとノルウェーのオスロに世界の目が集まる。この二つの首都でノーベル各賞の授賞式が行われる十二月十日は、科学を愛し平和を希求した、そのくせ偏屈者の人生を送った発明家、アルフレド・ノーベルの命日。式では彼が遺した莫大な遺産の運用益が生み出す賞金が、文学、物理、化学、医学生理学、経済の各分野と平和貢献で功績を挙げた人々や団体に、最高の栄誉と共に授与される。

キュリー夫人からアインシュタイン、湯川秀樹、ロマン・ロラン、ヘミングウェイ、マーチン・ルーサー・キング……。一九〇一年の初授賞式以来、ノーベル賞を受けた偉人たちの顔ぶれをみると、この賞が二十世紀に人類が成し遂げた〝進歩の刻印〟であることが実感できる。そしてノーベル賞が賞の設立以来約一世紀の歴史の中で育んだ価値が、本来は北欧の小国にすぎないスウェーデンとノルウェーに、国際社会が特別の敬意を払う理由となっていることにも納得できる。

そんなノーベル賞の舞台裏をご存じだろうか。

かつて日本は、国家レベルでノーベル賞獲得に動いた時代があった。佐藤栄作元首相が平和賞を獲得するために、日本政府は外交ルートを全面的に使って、国際ロビー活動を展開した。何かと政治的な臭いのする平和賞以外の賞分野でも、スウェーデンから賞選考委員関係者を日本に招き、獲得活動をしたこともある。その際、東京行きフライトの女性アテンダントは、いわゆる〝きれいどころ〟をそろえていたという。

今ではそんな露骨な活動は行われていないが、日本のノーベル賞好きは強まる一方だ。特にここ数年の自然科学分野の日本人受賞ラッシュが拍車を掛けている。一五年にはついに、スウェーデン以外では史上初となる、一般向けの公開シンポジウム「ノーベル・プライズ・ダイアログ」が東京で開催された。

文学ファンたちは、世界的流行作家となった村上春樹の受賞を待ちわびている。海外のブックメーカー（賭け屋）のオッズ（賭け率）が、村上を最上位グループに置くたびに、「すわ受賞へ！」と大合唱が始まる。そもそも村上が候補に入っているのか否かさえ分からない中でのこの騒ぎ、ご本人にはさぞ迷惑なことだろう。

何の分野かにかかわらず大きな功績には「ノーベル賞級」と銘打つのが常となっている日本は、真冬の北欧をも熱くしている。日本人の科学者が賞を受賞するたびストックホルムに集結する日本人報道陣だ。授賞式の取材はもちろんのこと、現地の空港着からホテル、食事、レンタルドレス屋、同行家族の発言やファッションまで一挙手一投足を日本の読者や視聴者に届ける。特にテレビは、地元住民ですら外出をためらうほどのマイナス二〇度の寒風が支配する夜のストックホルムを駆けずり回るのだ。

我々も取材現場では騒ぎに踊らされながら、情報を求めて東奔西走、そして右往左往してきた。膨大な受賞者決定時の予定原稿の準備に疲れ果て、受賞決定時の速報に慌てふためき、予想を裏切られ、そんなノーベル騒ぎの最中に仲間の一人が漏らした「ノーベル賞ってそんなにエライの?」というボヤキから、ノーベル賞の舞台裏を探る作業が始まった。

取材を進めると、ノーベル賞の違う顔が浮かんだ。世界最高位の権威を持つ賞であることに変わりはないが、所詮は人間がやること。完全無欠の存在ではないということがすぐに分かった。

過去には「ガンの原因は寄生虫」との学説に医学生理学賞が与えられたことがあるかと思えば、悪名高い「ロボトミー手術」開発にも賞を授与するなど、手痛いミスが少なくない。

平和賞も近年はオバマ米大統領への授与で疑問符が付くなど、何かギクシャクしている。核兵器を捨てきれず、平和賞授賞式で戦争の価値を強調してしまったオバマ氏の外交功績を見れば、受賞後の活躍を期待しての〝応援授賞〟が役に立たなかったのは明白だ。

自然科学分野では、静かに開花の時期を待つ中国も、平和賞の舞台裏では剛腕を振り回している。

非核三原則が評価された首相の佐藤栄作は死後、米国と有事の際には核兵器を沖縄に持ち込むことを黙認する密約を結んでいたことが暴露された。佐藤をめぐっては、当時からノルウェーで「日本がカネで賞を買った」と批判されるなど、曰く付きの受賞者であった。

またノーベルの遺言が絶対視される半面、遺言が指定していたのは実は「物理学」「化学」「医学生理学」「文学」「平和」五賞だったことを知る人は少ないのではないだろうか。「経済」はスウェーデン経済界によるごり押しでノーベル賞の一員として振る舞っているにすぎず、今も除外すべきだとの声が強い。平和賞などを選考する委員の間では、意見の相違が絶えず、アルフレド・ノーベルの考えていた〝平和〟の定義は実は曖昧で、選考委員らを今も悩ませ続けている実態も浮かんだ。

最高の賞の舞台裏は思いのほか取り散らかっているのだ。

本書はノーベル賞という興味深い存在の正体を探った共同通信ロンドン支局記者たちが多くの人に会い、無数の資料をめくった三年以上に及ぶ取材の記録だ。

長い執筆と編集作業がようやく終わろうとしていた十月五日の夜、素晴らしいニュースが飛び込んで来た。英国の日系人作家、カズオ・イシグロの文学賞が決まったのだ。昨年のボブ・ディランに続くサプライズをもたらした文学賞は、誰がどんな思いで選考しているのか。仕組みはどうなっているのか。気になる疑問に答えるために、まずはここから、魅力にあふれたノーベル賞の舞台裏を覗いていきたい。

第一章
文学賞
——誰が評価するのか。評価できるのか？

文学賞の受賞者を決めるスウェーデン・アカデミー。川端康成を含む受賞者らに関する資料が大量に保管されている（著者撮影）

†日本的感性に再びノーベル賞

長崎生まれの英国の作家、カズオ・イシグロのノーベル文学賞は、日本の文学にとっても栄誉と呼んでいいだろう。日本出身の作家としては一九六八年の川端康成、九四年の大江健三郎に次ぎ三人目で、二十三年ぶりの受賞となった。日本のメディアは、ＮＨＫやテレビが生ニュースで異例の特集を組み、主要紙が東京都内で号外を配布。日本各地の書店でイシグロ作品が売り切れとなるなど、瞬時にしてイシグロ現象が列島を覆った。

イシグロの日本名は、石黒一雄。一九八二年の長編デビュー作「遠い山なみの光」と二作目の「浮世の画家」は、いずれも日本が舞台で、日本人が主人公だ。繊細な文体は日本のイシグロ・ファンならずとも、魅了される。イシグロは受賞が発表された十月五日、ロンドンで開かれた記者会見で「日本で過ごした子供時代の記憶が、初期の作品に大きな影響を与えた」と語った。

一九五四年に長崎で生まれたイシグロは、海洋学者だった父親の仕事の都合で、両親と渡英し、その後英国籍を取得した。自宅では日本語で両親と話をしていたが、長い英国暮らしの影響で日本語は片言に近いレベルに落ちているようだ。

それでも、イシグロはこうコメントした。「私はこの国で育って来たが、世界を見る目、芸術に関する考え方は日本人だ。それは、日本人の両親に育てられて、日本語を話したからだ」。イシグロの作品に漂う日本的な感性をみると、文化は言語を越えて成立し得るのではないかとすら思ってしまう。

受賞決定後の記者会見では「日本に感謝している」とした上で、英国、日本どちらの作家なのかという質問に対しては「正直に言えば、明確な答えは見出していない」と答えた。作品はいずれも英語だが、日本的な文化が醸成した感性が、イシグロの世界を構築している。授賞を決めたスウェーデン・アカデミーのサラ・ダニウス事務局長は「完成度の高い作家」とイシグロを評し、「(英作家の)ジェーン・オースティンとカフカの要素を併せ持つ」と語った。

イシグロの活動は、幅広い。一六年の文学賞受賞者、ボブ・ディランに憧れて、若い一時期ミュージシャンになることを夢見ていたという。米女性ジャズ歌手の曲で作詞をしたり、映画「上海の伯爵夫人」で脚本を手掛けたりした。受賞決定の際には、今後の創作活動について「漫画とコラボレーションしたい」と述べた。子供のころに読んだ日本の少年漫画に影響を受けたようだ。

一方でイシグロの受賞は、やや意外性をもって受け止められた。文学賞は二〇一三年のアリス・マンロー(カナダ)以来、欧米系が主であったため、そろそろアフリカ、アジアに行くのではないかというのが一般的な観測だったからだ。世界最大規模のブックメーカー(賭け屋)

英ラドブロークスの予想では、ケニア出身の作家グギ・ワ・ジオンゴ氏が一番人気だった。二位は、日本のファン待望の村上春樹だった。これ以外にも、イシグロを有力視した主要メディアはなかった。

ノーベル各賞の中で、文学賞は最も、客観性が担保しにくい分野だ。自然科学はもとより、平和や経済発展への貢献といった尺度よりもさらに漠然とした判断が介在する。アカデミーが授賞理由とした「偉大な感性を持って、世界とつながっているという幻想に潜んだ深淵を明らかにした」という評価も、数多の文学者の中からなぜイシグロが選ばれたのかというシンプルな疑問には答えてくれていない。

なぜ同じように優れた作家であるジオンゴや村上が選ばれなかったのか。アカデミーの中でどのような議論や判断があったのかは、文学ファンでなくても知りたいところだが、その答えはノーベル財団の規定により、最低五十年間は秘密の扉の向こう側で眠ることになっている。

†ストックホルムの秘密の扉

二〇一四年一月二日、極寒のスウェーデンの首都ストックホルム。正月休み真っ最中の日本とは対照的に、クリスマス休暇をたっぷりと取った欧州が始動するのは早い。記者はスウェーデンの一四年の仕事始めとなったこの日、ノーベル文学賞候補の新資料を求めて、真っ白な息を吐きながら、賞の選考主体であるスウェーデン・アカデミーの建物へ向かった。

建物はガムラスタンと呼ばれる、小高い丘の頂点付近にある旧市街に位置し、アカデミーは建物の二階部分。一階はノーベル博物館になっている。それほど大きくはない建物だが、毎年十月に文学賞受賞者が発表される際には、各国から詰め掛けたメディア関係者で大広間はたいそうな賑わいを見せる。

二階に上がり、アカデミーの職員から受けとったのは、五十年間の秘匿期間を終えて、この日解禁になったばかりの選考資料。一九六三年の候補者や推薦者の名前、候補者に対する選考委員会の見解などがスウェーデン語で記されているものだ。こちらが日本のメディアだと知っていたのか、職員の女性がこちらを見てにっこりとほほえむ。「今年はミシマがいるわよ」

はやる気持ちを抑えながら、候補者の一覧が印刷された資料を指でなぞる。その指が止まった先、初の候補者入りを示す「X」という記号とともに四十六番目の候補として確かに記されていた名前は〝YUKIO MISHIMA〟。A4サイズの紙を持つ手がかすかに震える。特ダネだ。三島由紀夫がノーベル文学賞候補だったことが、公式資料によって初めて裏付けられた瞬間だった。

この年の驚きはそれだけではなかった。資料を精査すると、選考委員会が詳細な検討対象とする六人の中に三島が入っていたことが分かったのだ。文学賞の選考では、選考委員が全候補者の作品を限られた期間で十分に読むことは実質的に不可能だ。

ではどうやって選ぶのか、スウェーデン・アカデミーのサラ・ダニウス事務局長が二〇一五年末、選考のプロセスを詳細に明かしてくれた。

選考委員会は、十八人のアカデミー会員のうち、わずか五〜六人で構成されるが、「文字通り一年中、選考作業に没頭する」。毎年二月一日までにまず各国の作家協会の代表や過去の受賞者らから推薦を受け付け、候補者を確定させる。その数は近年、約三百人に達する。第一段階は候補者の生存確認。アフリカの小国などでは、推薦に関係した大学が実在するのかどうかまで調べ上げる。第二関門は三月で、候補者を約二十五人に絞り込む。そして、五月末に「有力候補」として五人前後を選び出し、アカデミー全体に提案して承認を受ける。そして会員は夏の間、集中的にその候補の作品を読み込み、秋にかけて詳細な議論を行うという流れになるのだ。

「その扉は、年に二回しか開けることがないの」。ダニウスは、事務局長室の奥にある特別な扉を指さした。一七七八年に建物がつくられた当初から残る由緒ある扉という。一回目は十月。事務局長は午後一時きっかりに、広間に通じるこの扉を開け、受賞者発表を待ち受けるおよそ百人の記者団の前に姿を現す。二回目は十二月七日。授賞式前の記念講演に臨む受賞者はアカデミー事務局長に伴われ、この扉から広間に登場し、起立して敬意を示す聴衆の前を通った後、演台に立つ。だが授賞式の頃には、アカデミー選考委員は早くも翌年の授賞選考に思いをめぐらし始めるのだという。

六三年の候補者は全部で八〇人。そこから選考委員会によって六人まで絞り込まれた中に、三島はいた。三島を推薦したのは、オランダの東洋学者として知られ、日本文学にも詳しかった米エール大のヨハネス・ラーデル教授だ。

三島と同じ段階まで残っていたのは他に、この年の文学賞を受賞したギリシャの詩人イオルゴス・セフェリス、後の六九年に文学賞を受賞したアイルランド出身の小説・劇作家サミュエル・ベケット、七一年に文学賞を受賞したチリの詩人パブロ・ネルーダ、英国出身の詩人、W・H・オーデンとデンマーク出身の詩人、アクセル・サンダモーサ。結果的にはこの六人の中から三人の文学賞受賞者が生まれたことになる。

この年の選考はこの六人からさらにセフェリスとネルーダ、オーデンの三人に絞られ、最終的にセフェリスの頭上に栄冠が輝いた。三島は最後の三人には残らなかったものの、初の候補入りながら受賞まであと一歩の位置にいたことは確かだ。当時の選考委員会をまとめていたエステリング委員長は実際に、三島のことを高く評価し、次のようなコメントを残している。

「英訳が存在する最新作〝THE BANQUET〟(「宴のあと」)では彼の技巧的な才能が確認できる。今後の成長を継続して見守っていく必要がある。日本人候補者の中で、彼(三島)

に最も大きな受賞のチャンスがあると思う」

　この年には三島の他に、小説家の谷崎潤一郎と川端康成、詩人の西脇順三郎も名を連ね、八十人の候補のうち四人が日本人だった。エステリング委員長のコメントの趣旨は明快だ。この時点では明らかに、谷崎でも川端でもなく、三島が日本人で最もノーベル文学賞に近い位置にいた。

　しかし、その五年後の六八年、日本人初の文学賞受賞者となったのは川端康成だった。六三年の時点では、選考委員会は川端について「賞を与えるには時期尚早」とコメントしており、有力候補としては認識されていなかったことが窺える。

　だが、川端は受賞した六八年までの間に、徐々に選考委での評価を高めていったのに対して、三島の存在感は急速に失われていくこととなった。その過程で、三島の「政治性」が受賞への障害になったのではないかという見方は根強い。アカデミー関係者も、時折三島の「過激な政治志向が選考で足を引っ張った」と指摘している。

　徳岡孝夫とドナルド・キーンの共著『悼友紀行――三島由紀夫の作品風土』によれば、ノーベル文学賞を日本の作家に授与しようという議論になった時、名前が挙がったのは川端と三島だったという。

どちらに与えても不都合はない、という判断だった。ところが、最終的な決定を下すスウェーデンに、日本文学の専門家がいない。いきおい英訳、独訳から推測するほかない。さいわい（あるいは不幸にも）一九五七年のペンクラブ大会に日本に来て二週間ほど滞在したスウェーデンの文学者がいた。ほかにエキスパートがいないものだから、彼はノーベル賞委員会に対して重要な助言をする役を与えられた。もちろん、二週間の日本滞在で、日本の作家の比較や評価ができるはずがなかった。ところが、その人物は、キーンさんが訳した『宴のあと』を読んでいた。『宴のあと』は都知事選挙に取材したもので、登場人物は革新党の候補である。そんなところから『宴のあと』は政治小説で、書いたミシマ・ユキオはきっと左翼（こともあろうに三島が！）だろうということになった。彼の助言をいれて、ノーベル賞は、より〝穏健〟で日本的な美を書いた作家、川端康成に授賞することになった、というのだ。

川端康成と三島由紀夫。川端が一八九九年生まれ、三島が一九二五年生まれで、川端の方がかなりの先輩に当たる。二人は師弟関係にあったが、それと同時にライバルでもあった。

特にノーベル文学賞をめぐっては、メディアで受賞を取りざたされていた二人が「日本人初の文学賞受賞」に向けて強烈なライバル心を抱いていたことは想像に難くない。川端の受賞が決まったことを受け、三島が受けた衝撃は察するに余りある。『悼友紀行』には次のような一節もある。

彼（三島）が「師」と呼ぶ川端康成氏が、日本の作家として初めてノーベル文学賞を受賞したとき、三島は「これにまさる慶《よろこ》びはない」と書いた。率直な祝賀の気持を裏切るようなニュアンスは、師の受賞を祝う彼の原稿のどの行間からも汲みとることはできなかったが、それにもかかわらず、なぜか三島の失意は歴然としていた。

三島が割腹自殺をしたのは、川端受賞の二年後となる一九七〇年。川端が自殺したのは、そのさらに二年後のことだった。川端の受賞が、その後の二人の人生にどれだけの影響を与えたのかは想像の域を出ないが、公正で慎重な判断を積み重ね、純粋に文学的価値を評価して決めるはずの文学賞が、極めて不十分で偏った情報に基づく「政治性」への考察で決められていたのだとすれば、これほど不幸なこともないだろう。

一方で当時の選考委員会の資料を調べていくと、日本人作家に対する評価において、ある種の「ぶれ」が見えてくる。

†評価揺れた谷崎

三島が最終の六人に選ばれた翌年、一九六四年の公式資料によると、候補者計七十六人のうち、この年にも引き続き三島と川端、谷崎、西脇の四人の日本人作家が候補になっていた。ただ、ここで特筆すべきなのは、この年には三島でも川端でもなく、今度は谷崎潤一郎が最終の六人に残っていたことだ。

一八八六年生まれで、明治末期から執筆活動を展開していた谷崎。初めて文学賞候補に推薦されたのは、川端や三島よりも早い一九五八年のことだ。その後、六〇年から六四年の間も毎年候補となっていたが、六五年に死去したため、受賞はかなわなかった。

谷崎は六〇年に候補入りした際にも最終の五人に選ばれており、アカデミーの中で根強い評価があったことが分かる一方、資料に残るコメントをみると、エステリング委員長をはじめとする委員会の評価は必ずしもポジティブなものではなく、アカデミー内での「評価の揺れ」が最も感じられる日本人作家となっている。

谷崎に対する選考委員会の見解を見てみよう。六二年には、川端と谷崎の二人について「委員会の意見では、この両氏の日本人候補に対し、現段階では興味または真剣な考慮はない」とコメントしている。翌六三年にも「日本の意見では文学界の重鎮として確固たる地位にあるというが、委員会は残念ながら違う考えを持っている」と否定的だ。六四年は谷崎が最終の六人にまで残る中、その技巧を評価しながらも「(技術的に上手いからといって)文学的に偉大だというわけではない」として、やはり否定的な見方を続けている。

一方で、コメントの中には「専門家によると、日本人候補の中では最も（受賞に向けた）先頭にいる」という一節もあった。ここでいう「専門家」とはおそらく、委員会がより客観的な評価を得るため意見を求めた外部の研究者だろう。選考に影響を及ぼしうる人物の中に、この時点で三島ではなく谷崎を「文学賞受賞に最も近い日本人作家」と評価する人物がいたということは興味深い。

それでは、前年の六三年に「日本人候補者の中で最も大きな受賞のチャンスがある」と委員長に評された三島への評価はどうだったのか。六四年の三島に対するコメントは「（委員会の）一致した見解として、この日本人を提案することは将来に（来年以降に）まわそう」というものだった。つまり、切迫した授賞の必要性が認められず、決断を先送りしたということだ。その理由は明示されていないが、この年のコメントからは前年のような高揚感は全く感じられず、大きく後退した印象を受ける。三島は六五年にも候補になっていたが、委員会のコメントは「将来的に検討されるべきだ」と触れたのみで、真剣な考慮の跡は見られない。六六年には、三島の名前は候補から消えた。

また、川端に対する委員会の評価も大きく揺れ動いた。委員会は六二年に、川端と谷崎に対し「現段階では興味または真剣な考慮はない」との見解を示している。六三年には前述のように「賞を与えるには時期尚早」というものだった。六四年には「継続して議論しているが、どの専門家も彼の名前を（授賞に向けて）優先すべきものは見いだせなかった」と非常に厳しい評価を下している。

だが、翌六五年には委員会の評価は一変する。「谷崎亡き後、川端が日本人候補者の中で最有力だ」。六五年七月の谷崎の死去を受けて、委員会が川端についての評価を相対的に高めたのだ。そして六六年、川端はついに最終の五人まで残った。選考委は川端について「日本人の生活様式を見事に表現し、倫理観や美的意識、人々を鮮やかに描き、西洋的な影響を受けていない」と高く評価。日本人では「川端がただ一人、受賞に値する」とまで言い切った。三島が受賞レースから脱落する一方で、川端の六八年の受賞に向けたレールは、着実に敷かれていた。

資料が解禁された一九六六年までの間、委員会が付したコメントから推察するだけでも、日本人作家への評価がめまぐるしく変化していた事実が分かる。六三年から六六年の間だけでも、日本人の受賞争いの先頭に位置する作家は「三島→谷崎→川端」と毎年のように入れ替わったことになる。

これらの資料から如実に浮かび上がるのは、日本人作家に対する評価の「一貫性のなさ」だ。一年単位で大きく変わる日本人作家へのコメントを目にすると、当時の選考委員会に日本の文学者を正しく評価する素地があったのかどうかさえ疑わしい。当時、日本文学の外国語訳がまだ十分ではなかったことや、欧米で日本文学の研究者が少なかったことが大きく影響していることは確かだろう。

スウェーデン人で構成されるアカデミーの会員にも、日本の専門家といえる人物はほぼ皆無の状態だった。当時まだ日本文学の国際的な存在感が乏しい中で、わずか十八人のアカデミー会員に対して、日本文学を正しく評価してもらうことを期待する方が間違っているのかもしれない。日本人の多くが抱く文学賞選考の「公正さ」「完全さ」とはほど遠い、非常に限られた状況の下で当時の選考が行われていたという事実は、われわれに文学賞の新たな一面を見せてくれる。

コラム　ストックホルムの同志

正月はストックホルムで過ごすことが恒例となりつつある。日本のようにしみじみとした新年の雰囲気があるわけではなく、最高気温が零度を超えない真冬のストックホルムで五十年前の資料を漁るわが身が、不憫になることもある。それでも、紹介したように、スクープにつながる資料が埋もれているので止められない。その喜びはアラスカの砂金探しに似たところがあるかもしれない。いずれにせよ、さほどの暖房もない広い図書館の一角で分厚いコートを脱げずに取り組む資料読み込みは孤独な作業だ。

だが、こんな作業に打ち込んでいるのが、ノーベル賞好きの日本から来ている記者だけではないことが分かり、嬉しくなった。図書館で鉢合わせしたことはないが、英国の高級紙、ガーディアンも毎年一月上旬、その年に解禁される資料の読み込みを続けていることが分かったのだ。

ガーディアンのアリソン・フラッド記者は二〇一三年一月三日、一九六二年の文学賞を受賞したジョン・スタインベックは「傑出した候補がいなかったためのやむを得ない授賞だった」と報じている。『二十日鼠と人間』や『怒りの葡萄』の代表作を持つ文豪だが、この年はあくまで対抗馬の弱さで消去法的に選ばれただけで、スタインベック自身が授賞後に授賞に値するかという質問に「率直に言って、ノーだ」と答えていたという。翌年一月、三島由紀夫が候補となった六三年に当時フランスの大統領で文筆家であったシャルル・ドゴールも候補入りしていたと伝えた。この記者には会ったことはないが、同じようにノーベル賞の宝探しをする同志として勝手に親しみを覚えている。

†谷崎を売り込んだ日本大使

谷崎らがノーベル文学賞の候補になっていた一九六〇年代前半、実は日本外務省も活発に動いていた。中心となったのは、当時の駐スウェーデン大使、松井明（一九〇八〜九四）だ。

松井は戦後日本の歴史的な局面に立ち会ってきた外交官の一人。終戦から四年後の一九四九年から五一年まで計四回にわたり、昭和天皇とGHQのマッカーサー元帥の会談で通訳を務めたほか、五〇年には吉田茂首相の秘書官にも就任。五一年のサンフランシスコ講和条約の締結にも立ち会った人物だ。その後、五九年から六二年まで駐スウェーデン大使を務めた。

外交史料館(東京)に収められている、五〇～六〇年代のノーベル賞関係の外交文書をまとめた「ノーベル賞関係雑件」ファイルからは、日本人からノーベル文学賞受賞者を出そうとする松井の奔走ぶりが伝わってくる。

前任の大使が外交公電で「ノーベル賞選考に外務省等政府機関が公然と運動をすることは好ましくなく、かえって逆効果をもたらす可能性が大きい」としていたのと打って変わって、松井は積極的に受賞工作を展開する。

谷崎がスウェーデン・アカデミーの会員により、詩人の西脇順三郎が東大教授により推薦され候補になっていた六〇年の三月。松井はスウェーデン・アカデミー選考委員会の書記長で国立図書館館長のウーノ・ウィラーシュから、二人が候補入りしていることを教えられ、二人の著書と、日本側による比較検討資料を提供してほしいと頼まれる。

依頼を受け松井が本国に送った極秘公電は、興味深い内容を含んでいる。松井はまず「従来、アカデミー会員中、東洋文学に関する権威少なく、そのため、文学に関しては常々、欧米文学者に限られていた観」があると分析。「かねてアカデミー会員と会合の機会には右の事情を指摘し、現代日本文学の常に秀れた所以を述べてきていた」と、日本人作家を売り込んでいることを報告している。

さらに、アカデミー会員の一人から次のような候補者推薦の慣例と助言を聞いている。「一国が候補者を推薦する場合には自国候補者を推薦しない建前となっている。外交的tact（気配り）の点よりはもとより、自国人を推薦する場合には自国文学界における内情、候補者の年齢、経歴、振り合い、文学者としてよりも行政的手腕、その他が推薦の要素となり、必ずしも真の意味の資格者の推薦でないこともあり、さらに推薦者と自国内受賞候補者間に種々の摩擦を起こすことを避けんがためでもある。もし日本が候補者を推薦する意思があるならば、昨年の受賞者を出したイタリア、また翻訳の関係から米英等を利用せられてはいかがか」（カッコ内は筆者注）

この時代、それまでの日本政府のノーベル賞に関する情報は「推薦の締め切りはいつか」といった極めて基礎的な点にとどまっており、推薦したものの締め切りに間に合わなかったということも実際にあった。それに比べると、松井の活動により、情報の深度は格段に増したといえるだろう。

松井は公電でこう続けた。「東洋文学者中、受賞者の皆無に近い現状においては工作如何により受賞の可能性は充分ある。（中略）ここ2、3年の間に本使としては是非ともわが国より受賞者を出したいと念願している。（日本文学者の）ドナルド・キーン、（谷崎、川端などの作品を英訳した）サイデンステッカー（中略）等へ協力を求める事も一案なるべし」

そのうえで谷崎、西脇二人についての資料を速やかに送るよう求めているのだが、「本件の取り扱いは叙上の理由からも特に慎重にお願い致したく、あまり範囲を拡げないことが大切かと愚考せられる」と記すのも忘れなかった。

松井の公電を受け、外務省は六〇年四月、「極秘裏に直接、別々に谷崎、西脇両氏に説明したところ、快諾を得た」として、二人から提供された英文の経歴、作品のリストと概要などを送っている。これが功を奏したのか、六〇年の選考では谷崎が日本人としては初めて最終候補五人に残っていたことが分かっている。「受賞の可能性は充分ある」とした松井の観測は、決して間違っていなかったのだ。

翌六一年も松井のロビー活動は続いた。一月三十一日の公電では「本使かねてよりの構想」に基づき、選考委員会の書記長ウィラーシュと再び会い、「文学賞受賞についての打診を試みた」と報告。松井はスウェーデン・アカデミー会員で選考委員五人の一人であるヘンリー・オルソンが川端康成を推薦していること、一方で谷崎、西脇の推薦がどこからも届いていないことをウィラーシュから聞かされ、とりあえず三人とも登録しておいてほしい旨を頼んだうえで、慌てて推薦状提出の手配を外務省に求めた。

二月二日には、ウィラーシュから聞いた話をさらに詳細に報告している。①前年度に落選した候補者が本年度の選考で不利になることは絶対にない、②前年度及び前々年度の受賞者、ないしその出身国の推薦が重視される慣例がある、③選考委員会が必ずしも全会一致の結論を出すとは限らず、委員の中の一人が強力に推す候補者が受賞するということが過去にたびたびあった――ことなどだ。

ウィラーシュは松井に対し、日本の文学作品を評価するだけの十分な蓄積がスウェーデン・アカデミーにないことを率直に認めており、「三氏の業績の比較検討は実際上、困難であるので、選考の参考として一応、日本側文学団体の意向を聴取し得れば幸いである」と頼んでいる。「委員の中の一人が強力に推す候補者が受賞するということがある」「三氏の業績の比較検討は実際上、困難」。これらの発言を踏まえれば、当時の選考委員会で年によって日本人作家の評価が揺れ動いていたのは、ある意味で当然だったのかもしれない。

ウィラーシュの依頼は、日本の文学団体で選考を行って候補者を一人に絞ってほしいという意味ではなく、「極めて軽い意味合いで日本側の見解を承りたい」とのことだった。「順位を決めかねるような場合には、当該団体としては単数または複数を推薦し、他の候補者は別に個人の推薦でも構わない」と話した。

これを受け、松井は外務省への公電で「三名の順位を決めることは不可能に近く、また文学団体に諮問を行う場合には、さらに他の氏名も俎上に上るべく紛糾を起こす恐れすらある」として、とりあえず何らかの形で三人の推薦状を至急送るよう求めている。

外務省は三週間後、「三名に対し個別に貴殿の趣旨を伝達し、本人が最も適当とする団体または個人から早急に推薦の措置をするよう依頼した」と返信。①西脇については、前年の六〇年と同じ東大教授を推薦人として電報と書簡をスウェーデン・アカデミーに発出した、②谷崎は長く病床にあり、「一切を中央公論社に委ねる」とのことで、同社に再三連絡したが、(六一年二月に右翼の少年が同社社長宅を襲撃した)「嶋中事件」が発生。ようやく二月十日に同社社長名の推薦電報が送られたが、書簡は発出されていない、③川端も推薦人の選定に苦慮した模様だが、外務省のあっせんもあって三島由紀夫を推薦人として近く電報と書簡を発出することになった——と報告している。

三人とも推薦人が個人になったことについては「ペンクラブないし文芸家協会に依頼することは問題をいたずらに紛糾せしめるとの観点から三者ともこれを嫌った結果」だった。

しかし、五十年以上たった年の推薦人を公開しているノーベル賞公式サイトの記録によると、この年の谷崎、西脇の推薦人は両方とも日本文芸家協会を指すとみられる「The Japanese Authors' Union」、川端の推薦人は三島ではなくスウェーデン・アカデミー会員のヘンリー・

オルソンのままになっている。松井と外務省のやり取りの後、「やはり文芸家協会のほうがよい」となったのか、三島は川端を推薦しなかったのか、この点は謎のままだ。

松井の任期最後の年、一九六二年はどうだっただろうか。この年は川端が日本ペンクラブ、谷崎が日本文学を専門とする米ハーバード大教授、西脇が五八、六〇年と同じ東大教授によって推薦されていた。松井は文学賞推薦の締め切り日である二月一日、やはりウィラーシュに会い、重要な「内話《ないわ》」を聞き出している。松井が外務省に送った公電によると、ウィラーシュは「三十四名の候補者の推薦があったが、必ずしも受賞に値する適格者が多いとはいえない。この点で今回は日本の候補者（谷崎、川端）が真面目な討議の対象となろう」と語った。二人が受賞の圏内にいることを強く示唆した内容だ。

ウィラーシュはさらに思わせぶりなことも発言している。スウェーデン出身で国連事務総長を務めたダグ・ハマーショルドが、前年の九月一日付でウィラーシュに送ってきた手紙の中で「ノーベル文学賞候補者中、日本人候補者が見られることを喜ぶ。今回のコンゴ旅行の後にさらに自分からも意見を申し送りたい」と書いていた、と話したのだ。

ハマーショルドはスウェーデン・アカデミーの会員でもあり、ウィラーシュの「無二の親友」だった。だが、ハマーショルドが日本人候補者に関する意見を届けることは叶わなかった。それは、手紙をウィラーシュに送った直後の六一年九月十八日、国連事務総長として紛争下のコンゴを訪れる途中、搭乗していた航空機が墜落し、亡くなってしまったからだ。

ハマーショルドは東洋思想に関心を持っていたとされ、それが日本人候補者への思い入れにつながったのだろう。ウィラーシュは松井に「ハマーショルドの手紙のことが追憶される」と話している。「自分の親友が死の直前に日本人作家を推していた。生きていたら何と言っていただろう」。そんな思いが胸に去来していたに違いない。

一方で、ウィラーシュは日本人作家の不利な点も指摘した。翻訳の少なさだ。「翻訳著書僅少な日本人作家にはハンディキャップのあることは否みがたい」。しかし同時に助言も与えている。「もし両作家の著書に翻訳計画が進行中であれば、その翻訳原稿なりとも送付してもらえれば効果的であろう。まず英訳が第一に行われるのが常であろうから、米英筋から側面的に推薦工作が行われることが効果的であろう」。これではまるで日本人の受賞を支援しているかのようだが、六〇年代はノーベル賞が欧米偏重からグローバル化への脱皮を図っていた時期だ。ウィラーシュ自身が日本人から文学賞を出したいと思っていたとしても、不思議ではない。

松井は助言通り、翻訳原稿があれば送付してほしい旨を外務省に伝えたのはもちろんだが、「近くスウェーデン・アカデミー事務局長エステリングと会見し、さらに工作を試みる予定」と、いっそうのロビー活動を展開する考えを示している。

この続きの外交文書は「ノーベル賞関係雑件」ファイルには収められていないため、松井とエステリングの間でどのようなやり取りが交わされたのかは分かっていない。結果として六二年は川端、谷崎、西脇いずれも最終候補に残ることなく選に漏れたが、六〇年に谷崎、六三年に三島、六四年に再び谷崎が最終候補入りし、六八年の川端受賞に至るまでには、日本人作家の存在感を高めようと奔走した松井の熱意が一定の貢献を果たしたことは間違いないだろう。

コラム　日本文芸家協会と日本ペンクラブ

ところで、これまでも触れている通り、ノーベル文学賞の推薦資格者の中には「各国の作家協会の代表」が含まれており、六〇年代には、日本文芸家協会を指すとみられる「The Japanese Authors' Union」や、日本ペンクラブの名前が谷崎や川端の推薦者として登場している。となると、ここで素朴な疑問がわき上がってくる。両団体はどのような基準で推薦する作家を選んでいるのか。近年も誰かを推薦しているのか。

まずは文芸家協会に聞いてみると、「(大昔はともかく) 当協会ではノーベル文学賞に作家を推薦することはしていない」と〝肩すかし〟の回答。「日本ペンクラブの方でやっている」とのことだった。では、ペンクラブはどうか。こちらも意外な答えが返ってきた。「選考基準は特にありません。会長が一人で決めています。誰かを推薦するかしないかを含めて、会長の一存です。選考の考え方を記した文書のようなものもありません」

ノーベル賞候補を推薦する資格を持つ日本の文学団体が「会長の一存で決めている」という事実は、これまた「厳格に選ばれるノーベル賞」のイメージからすると驚きだろう。二〇一七年現在、ペンクラブ会長は吉岡忍。歴代会長には、初代の島崎藤村から志賀直哉、井上靖、阿刀田高らそうそうたる面々が並ぶ。彼らの作家としての資質に疑問を差し挟む余地はないだろうが、人間である以上「好き嫌い」はつきものだ。受賞に値する作家でも、ときの会長に評価されなければ推薦されないということになる。

ただ、一方で、過去の外交文書に記されているとおり、選考基準を設けて団体として推薦しようとすると、誰を選ぶか議論が紛糾するのは確実だろう。収まりがつかなくなる可能性もあるし、そもそも選考基準がつくれるのかどうかも疑問だ。団体内での政治力に勝る者が選ばれてしまう危険性もある。そう考えると、「会長に一任」という手法は、ある意味ではやむを得ないのかもしれない。

もう一つの質問は「ペンクラブは誰を推薦しているのか」だが、こちらの回答は予想どおりのものだった。「スウェーデン・アカデミーから送られてくる推薦依頼の手紙に『推薦に関する内容は一切明らかにしないように』と書かれている。したがって推薦したかどうか、推薦したのは何人か、また誰なのか、そうしたことは一切、言えません」

†中国作家受賞で疑惑浮上

二〇一二年に中国国籍の作家として初めて文学賞を受けた莫言《モオイエン》をめぐっては、選考の中立性をめぐって大論争が巻き起こった。選考過程で大きな影響力を握っていた委員が莫言の友人で、自ら莫言の作品のスウェーデン語翻訳も手掛けていたためだ。

この委員はイェーラン・マルムクヴィスト。文学賞の選考者の中で唯一の中国専門家で、スウェーデンにおける中国文学の第一人者。授賞発表直前の二〇一二年八月、マルムクヴィストが中国で出版した著作に、莫言が序文を寄せていた。二人が親しい間柄であることは、誰の目にも明らかだった。

疑惑が沸騰した背景には、莫言が「体制寄り」だと見なされていた事情がある。共産党員であり、表現の自由を規制する党指導下の中国作家協会で副主席を務めていたからだ。莫言が選ばれたことに、二〇〇九年の受賞者であるドイツ作家ヘルタ・ミュラーは「悲劇であり、とても衝撃的だ」と反発した。

マルムクヴィストは一九八五年から選考を担う古参メンバー。亡命先のフランスの国籍を取得した中国出身の高行健《ガオシンジエン》が二〇〇〇年に文学賞を受けた際も、マルムクヴィストは高行健と交友があり、作品を翻訳していたため、選考から外れるべきだったと非難された。

選考を担うスウェーデン・アカデミーの会員はわずか十八人。世界の文学を広く見渡し、最も優れた作家を選ぶのには限界がある。マルムクヴィストは「欧州の外れの小国に住む十八人が授与する賞であって、世界選手権のようなものではあり得ない」と言い切る。

アカデミー会員は作家や詩人、言語学者などで、全員がスウェーデン人。いったん任命されると、終身会員となる。設立は一七八六年。もともとスウェーデン語の純粋さや活力を守り、高めるのが主な活動目的だった。文学賞の選考も担うようになったのは、一九〇一年に賞が始まって以降のことにすぎない。

選考での最大の問題は言語の壁。アジアの文学作品は欧州であまり知られておらず、翻訳の良しあしが選考結果を左右する。マルムクヴィストも中国メディアに対し、中国の文学は素晴らしい作品であっても、翻訳がひどいことが多いと認めている。

マルムクヴィストは、莫言《モオイエン》の受賞で訳本が売れれば利益を得られる関係にあった。アカデミーは会員が賞の選考を通じて利益を得ることを禁じており、候補者と個人的な関係がある場合は選考に加われないと規定している。一部のメディアはこの点を問題視した。だが、マルムクヴィストは翻訳の利益を受け取らないと説明。アカデミー事務局長のペーテル・エングルンドは、利害関係者の選考を禁じた規則には違反していないとし、「選考に問題はなかった」と結論づけた。

莫言は十二月六日にストックホルムで記者会見した際、「（マルムクヴィストと）実際には三回しか会ったことがない。（選考が不公正との）批判は当たらない」と強調した。

授賞をめぐっては、中国側の買収工作の一端も明るみに出た。受賞発表後の十月二十三日付の香港各紙は、莫言氏の出身地である中国山東省の当局者からマルムクヴィストに賄賂として書画や古書が贈られていた、と報じた。上海市で記者会見したマルムクヴィストは、贈り物は全て返品したと説明。マルムクヴィストの元には毎月、作家らから手紙などが届き「賞金はあなたにあげるから、名誉は私がもらいたい」と言ってくる者もいたが、「このような人々は真の作家ではない」と批判したという。

過去にノーベル賞を授与された中国人、中国からの亡命者計三人はみな反体制派だった。一九八九年のチベット仏教最高指導者、ダライ・ラマ十四世への平和賞、二〇〇〇年の高行健《ガオシンジエン》への文学賞、二〇一〇年の民主活動家、劉暁波《リユウシヤオボ》への平和賞の授与について、中国政府は「内政干渉」と反発してきた。だが、莫言については手のひらを返したように歓迎し、「愛国者」とたたえ、文化振興の国策のために利用しようとした。

二〇一二年十月十二日付の中国各紙は、莫言受賞決定を大々的に報じた。共産党機関紙、人民日報（海外版）は「中国の作家が初めてノーベル文学賞を獲得」との見出しを一面トップに掲げた。中国外務省の洪磊《ホンレイ》副報道局長は同日の記者会見で、「中国で最も権威のある茅盾《マオトウン》文学賞を受賞した立派な作家。受賞を祝福する」と表明。一方で、劉暁波への授賞については「中国の内政と司法主権に対する重大な干渉」と批判し、ノルウェーのノーベル賞委員会への批判を付け加えることも忘れなかった。

ＡＰ通信によると、劉暁波の受賞以来、自宅で軟禁されてきた妻、劉霞《リュウシィア》は体を震わせ、泣きながら取材に応じ、莫言への中国当局の対応と、自身への措置との大きな違いを強調。「カフカでもこれ以上の不条理を描けなかっただろう」と訴えかけた。

ノーベル賞を都合よく二分類して莫言だけを特別扱いし、劉暁波の釈放要求には耳を貸さない中国の態度は、莫言受賞に対する国際世論の懐疑的な見方を強める結果となった。

ただ、莫言を中国共産党の代弁者と見なすのは見当違いだ。一九九六年、代表作『豊乳肥《ほうにゅうひ》臀《でん》』は、台湾国民党をめぐる表現や性的描写が問題視され、一時、発禁処分を受けた。「言うなかれ」という意味の「莫言」を、あえてペンネームにしているのも意味深だ。

「国民党にしろ共産党にしろ、所詮は長い歴史の流れの中の一時の現象」。『豊乳肥臀』の日本語訳に寄せた言葉は、莫言《モオイエン》が体制作家でないことを示している。長編小説『蛙鳴《あめい》』は、農村を舞台に人口抑制の「一人っ子政策」が引き起こす社会のひずみを取り上げた。

一九五五年に貧しい農村に生まれた莫言は、一九七六年に人民解放軍に入隊後、一九八一年に執筆活動を始めた。自由な表現活動を求めて欧米に渡る作家が相次ぐ中、莫言は故国を捨てなかった。抗日戦争期の農村を描き、一九八八年にベルリン国際映画祭で金熊賞を受賞した映画「紅いコーリャン」（張芸謀《チャンイーモウ》監督）の原作者としても知られる。日本との文化交流にも尽力している。もともと中国で人気が高く、作家として実力は折り紙付きだった。作品は各国でも翻訳され、中国で最もノーベル文学賞に近い作家といわれてきた。

スウェーデン・アカデミーは「幻覚的なリアリズムで民話と歴史、現代を融合させた」と授賞理由を説明した。エングルンド事務局長は「中国にとどまり、批判的な立場から中国の真実を描いた」と指摘。中国人作家への授賞に「政治的な意図はない」と言い切った。

アカデミーには、発禁処分を耐え抜き、体制に批判的とも受け取れる微妙な表現を模索する莫言を選んだことで、中国を国際社会の価値観に近づけさせようという思惑があったのかもしれない。

莫言は十月十二日の記者会見で、劉暁波の文章については一九八〇年代に読んだことがあるが、劉暁波《リユウシヤオボ》が政治活動に参加してからは交流がないと説明。その政治活動については「よく分からない」と曖昧な態度を示した。しかし一方で、劉暁波について「なるべく早く自由を獲得することを願う」とも表明。早期釈放への期待をにじませ、中国当局の立場とは一線を画した。

中国で注目されたのは、ストックホルムの授賞式での莫言の服装。「伝統的な民族衣装にすべきだ」「国際社会の習慣に従い洋服で」。中国世論は分かれたが、本人は他の受賞者と同様、燕尾服姿で現れた。同席した妻も黒のドレス姿。続いて晩餐会に出席した莫言は、自身の受賞に対する賛否両論を念頭に中国語で訴えかけた。

「私は授賞発表後に起きたことを、一歩引いた冷静な目で見ようと努めてきた。それは世界を、それ以上に私自身を知る貴重な機会になった」

†日本の「ハルキ狂想曲」

二〇一七年受賞者のカズオ・イシグロは、受賞決定を受けた記者会見でこう語った。

村上春樹や、『悪魔の詩』で知られるサルマン・ラシュディらよりも先に受賞するのは「出過ぎたまねのような気がする」

一七年十月五日夜、村上ファンが集うことで知られる東京都杉並区のブックカフェ「6次元」や、デビュー前の村上がジャズ喫茶店を営みながら住んでいた東京・千駄ケ谷の神社などには、大勢のファンが集まり吉報を待ったが、発表はカズオ・イシグロ。ファンからは深いため息が漏れた。

〝ハルキ狂想曲〟が始まったのは、二〇〇六年にさかのぼる。

ノーベル文学賞発表を目前に控えた十月、チェコが生んだ大作家カフカを記念したフランツ・カフカ賞を村上春樹が受賞したのがきっかけだった（賞の決定は三月）。カフカ賞は二〇〇一年に創立された新しい文学賞であったが、当初から文学界で高く評価され、〇三年にオーストラリアのエルフリーデ・イェリネク、〇四年には英国のハロルド・ピンターが受賞、この二人はいずれもノーベル賞を受賞していた。そのカフカ賞を村上春樹が受賞したことで、世界的に注目度が急上昇したのだ。地元紙は「ムラカミは文学賞授賞式が行われるスウェーデン行きの航空券を予約しなければならないだろう」と予言するほどであった。さらに、九月中旬には、アイルランドのマンスター文学センターが同月二十四日にフランク・オコナー国際短編賞を村上春樹に授与すると発表、国際的な文学賞をダブル受賞する快挙となった。

日本の主要メディアの報道も一気に過熱し、村上のインタビューや動静確認に躍起となった。しかし、当の村上やその周辺はこうした騒ぎを嫌ってか、一切動向を漏らさず、報道陣の目の前から消えてしまった。文学賞が決まったその瞬間に、受賞者の取材ができないのは、メディアにとっては致命的な事態だ。報道各社は、村上の所在確認に血眼になった。

そんな中、居場所の有力情報として浮上したのがハワイであった。理由は、村上がこの当時、ハワイ大学で定期的に講演を行っているとの情報があったことに加え、ハワイ好きとして知られる村上が日本での騒ぎから避難するには格好の場所と思われたからで、確たる情報があったわけではない。それでも、共同通信はロサンゼルス特派員と文化部の担当者をホノルルに急遽派遣、読売新聞やテレビ各社も同様の態勢で、村上探しに着手した。一部の社は、村上のジョギング好きに賭けてハワイ大キャンパスを朝のジョギング時間に走りながら偵察したり、夜は村上が立ち回りそうなホテルのバーを張り込んだりした。記者たちは、何度もハワイ大への取材を繰り返したが、情報の確認はできなかった。日本文化に詳しい教授の一人は、村上の文学者としての評価については饒舌に話したが、居場所情報の質問をあまりにしつこいと感じたのか、流暢な日本語で「あなた方は、正直言って、迷惑」と記者たちを追い返すようになった。日本報道陣の間では、村上の所在確認取材を自虐的に〝ハルキをめぐる冒険〟と呼んだ。

実際十月に発表された二〇〇六年のノーベル文学賞はトルコのオルハン・パムクが受賞。騒ぎの発端となったカフカ賞の授賞式が行われた際の記者会見で村上は、ノーベル文学賞の候補の一人と目されていることについて「賞には関心がない。読者が私にとっての賞」と話し、ブームは沈静化するかのように見えた。

しかし翌年、世界最大規模のブックメーカー、英ラドブロークスのストックホルム事務所は、文学賞受賞者を予想するオッズで村上を六位に位置づけ、その後も一貫して村上のオッズ上位を維持、二〇一二年にはついに一位となった。

期待と評価はもちろん、賭け屋に留まらない。カフカ賞同様に、世界各地の文学賞が村上への称賛を続けている。〇九年にはイスラエルの「エルサレム賞」、一一年にはスペインの「カタルーニャ国際賞」、一四年にはドイツの「ウェルト文学賞」が村上に授与された。村上はこの三賞の受賞に際して、実に意義深いスピーチを残した。

エルサレム賞では、イスラエルとパレスチナの対立を念頭に、小説を書く時に「高くて固い壁と、それにぶつかって壊れる卵」を例えに、「わたしは常に卵の側に立つ」と表明。カタルーニャ国際賞では、東日本大震災と福島第一原発事故に触れ、原爆の惨禍を経験した日本人は「核に対する『ノー』を叫び続けるべきだった」と訴えた。また、ウェルト文学賞では、かつてベルリンを分断した壁を念頭に、今の世界には「民族、宗教、不寛容といった壁」があると指摘した。いずれも、世界的な流行作家として含蓄に富んだ言葉で、聴衆らを魅了、次のノーベル賞を渇望する日本の読者らにも賛辞をもって受け取められた。ノーベルが遺した、「理想主義的な方向性」を体現するスピーチであった。

†期待先行か

それでも現地でノーベル賞関係者に取材をすると、かなり違った感触が得られるのも事実だ。文学賞を選考するスウェーデン・アカデミーで、二〇〇九年から一五年までスウェーデン・アカデミーの事務局長を務めていたペーテル・エングルンドは、村上への評価を尋ねると、村上の作品自体は高く評価しつつも、「日本には村上春樹以外にも優れた作家はたくさんいる」

と言い切った。日本人記者に会うたびに繰り返される質問を嫌っただけなのかもしれないが、柔和なエングルンドは、滅多に見せないはずの、いら立ちの表情を浮かべた。自身が作家で歴史家でもあるエングルンドにとって、ノーベル賞と言えば村上の名前しか挙げない日本の報道関係者につい嫌気が差したのかもしれない。

ノーベル博物館の上級学芸員で歴史家のグスタフ・カールストランドも同じような考えをにじませた。カールストランドは、あくまで一般論と強調した上で、「アカデミー内は、優れた作品を残しながら、いまだ大きな評価を得ていない作家に文学賞を贈りたいという雰囲気だ」と、やんわりと村上有力説を否定。村上はあまりにも流行作家になり過ぎたという見方だった。

さらに、ノーベル賞に詳しい在ストックホルムの消息筋の情報は、村上ファンにとっては極めてショックの大きいものだろう。二〇一一年に選考委員の一人と接触した際、こう告げられたのだという。

「私は本当は、安部公房に（文学賞を）贈りたかったんだ。それが急に死んでしまい、本当に残念だった。安部公房に贈ることができなかった文学賞を村上に贈るわけにはいかない」

安部公房は小説『砂の女』（一九六二年）でフランスの最優秀外国文学賞を受けるなど、前衛的な作風で国際的に高い評価を受けた。ノーベル文学賞候補にたびたび挙げられ、選考で受賞直前まで行ったと報じられたこともある。しかし、一九九三年に脳内出血で倒れ、六十八歳で急死した。この選考委員の話は、安部が長生きしていれば、ノーベル文学賞を受けていた可能性があったことを示すが、同時に村上に対する評価を実に具体的に語っている。選考過程が五十年間秘密にされるノーベル賞で、選考委員のこうした肉声が伝えられることは極めて珍しい。

消息筋はこんな話も聞かされた。「アカデミー会員の奥さんたちは村上ファンが多く、中でも『海辺のカフカ』『1Q84』『アンダーグラウンド』の三作品は人気が高い」というのだ。さもありなんと頷ける話だが、消息筋は残念そうな表情で続けた。「ところが、村上は肝心の選考委員の間ではあまり評価されていないそうだ……」

地元スウェーデン通信の文芸担当カール・カトー記者にずばり聞いてみたところ、こんな答えが返ってきた。「常に候補者リストに入っているとは思うが、専門家の多くは受賞が現実的だと見なしていない。村上の場合、人気がちょっと高すぎると感じられているようだ」

カトー記者が問題視したのは、村上が文学好きの〝玄人〟の層というよりは、幅広い一般読者に支持されているという点。アカデミーは、時流に乗っている〝旬〟の作家を敬遠し、流行から外れるのを待つ傾向がある。数十年を経た後も、作家が評価され続けるかどうかという観点で、アカデミーは時間をかけて受賞者を選び出す。だから、村上の受賞は時期尚早だというのだ。

その好例として挙げたのが、二〇一四年に文学賞を受けたフランスの作家パトリック・モディアノ。一九八〇年代や九〇年代は欧州でよく読まれたが、その後、半ば忘れ去られていた。しかし受賞により、「いや確かに、忘れてたけど、偉大な作家だよな」と再評価が高まったという。

文学賞の場合は、自然科学系の賞とは対照的に、〝地域性〟が考慮されている。物理、化学や医学は地域や文化を超えた存在だが、文化や言語の違いに影響されやすい文学的評価に絶対的な客観性の確保は難しい。それ故に、アカデミーは受賞作者が特定地域に偏らないよう選考過程で留意している。その意味で、二〇一二年の受賞者が「紅いコーリャン」の原作者、中国の莫言《モオイエン》に行ったのは日本の文芸ファンにとっては痛手だろう。莫言に対する評価「幻想性のリアリズム」というのも村上文学と重なる印象があり、莫言受賞で村上の可能性は数年遠のいたと指摘された。

欧米各地の都市では、当地の人気作家に並んで、村上春樹の書籍が山積みになっている風景があちこちの書店でごく普通に見られる。人気のすそ野が広い証拠で、文学賞候補入りに有利な諸言語への翻訳数も十分だ。一方で、村上作品には、自身も詩や小説を書いたノーベルの遺した「理想主義的」とは方向性が違うという指摘は根強い。近年、文学賞の受賞者発表前のスウェーデン紙が掲載する評論家の見方も、村上への肯定的予想は多くない。むしろ「取ってほしくない作家」と手厳しい評価もある。一般大衆の「取ってほしい」「取るだろう」という気持ちの集積である賭け屋での高い人気と、文芸評論家ら専門家の間での人気の無さのギャップは大きいが、いずれにせよ、村上が候補になったか否かですら選考資料が公開される五十年後まで分からない。日本の文学ファンは、村上が受賞しない限り、長い年月、やきもきさせられるであろう。

毎年繰り返されるこの周囲の騒ぎと期待感をご本人はどう思っているのか。一五年、期間限定で読者と交流するために設置されたウェブサイト「村上さんのところ」で、ノーベル賞候補として毎年話題になることについて、賭け屋の予想を競馬に例えながら「正直なところ、わりに迷惑です」と明かした村上。その気持ちを代弁するように、一四年十月、米誌「タイムズ」の電子版は、文学賞予想に関しては、ブックメーカーの上位人気者の予想が毎年外れていることを指摘、「文学賞でブックメーカーに賭けるのは止めよう」と皮肉った記事を掲載した。同誌は、ノーベル文学賞の潮流について「ここ数十年、文学賞は風変わりな、過激な脚本家や名の売れていない詩人に贈られるようになっている」と指摘、「化学や物理と違って、文学は主観的。ブックメーカーの賭け率に関する記事は、(どうせ外れるので)疑いの目で見るか、ノーベル賞を掘り出し物の楽しさを持って受け止めるべきだ」と冷めた目で騒ぎを見詰めている。

†地道な翻訳本がものを言う

ノーベル賞の創設者アルフレド・ノーベルはその遺言状の中で「賞を授けるに当たっては、候補者の国籍を考慮することなく、スカンジナビア人であろうとなかろうと、最もふさわしい人物が受賞するべきというのが私の明確な意志である」と述べている。そして文学賞については特に「理想主義的で最も優れた作品を生み出した者に与える」と規定している。

遺言状が記されたのは一八九五年。当時の時点で国籍や人種に関係なく、純粋に業績に基づいた賞の創設を志向したノーベルの理想は素直に評価されるべきものだ。しかし、ノーベル賞各賞の中で、文化や言語の影響を最も大きく受けるのが文学賞だろう。作品が書かれた言語そのものが、選考と評価の直接の対象となるからだ。

文学賞の選考主体であるスウェーデン・アカデミーは、フランス学士院にならい、国王グスタフ三世によって一七八六年に創設された。スウェーデンの文学者らからなる十八人の会員で構成される。会員資格は原則として終身だ。うち五人前後の会員によって、ノーベル文学賞の選考の中心となるノーベル賞委員会がつくられ、世界中から推薦されてきた多くの作家の絞り込み作業などを行うことになる。

選考委員の会員はスウェーデン人であり、英語はもとよりフランス語やドイツ語など欧州の言語に精通したメンバーがほとんどとなる。近年では中国文学の専門家が会員となるなど徐々に多様化しているが、欧州系の言語や文化を専門とする会員が多数を占める構図は変わっていない。日本語をはじめ、非欧州系の言語の作家は大きなハンディキャップを背負うことになる。「国籍にかかわらず世界に目を向ける」というノーベル賞の理想の前には「アカデミーの会員が読むことのできる言語の作品が存在しなければならない」という大きな壁が立ちはだかっているのだ。

日本の作家と文学賞との関係を考える場合、翻訳作品の重要性は言うまでもない。特に、川端康成が日本人で初めてノーベル賞を受賞した陰に、日本学者のエドワード・サイデンステッカーというすばらしい翻訳者が存在していたことはよく知られている。米国出身のサイデンステッカーは第二次大戦の際に米海軍日本語学校で日本語を勉強。戦後は外交官として来日したが、『源氏物語』の英訳を読んで日本文化に魅せられ日本文学の研究に没頭、その後は翻訳家として多大な業績を残した。

一九五六年には川端の『雪国』を英訳、川端の名前が国際的に広く知られるようになるきっかけをつくった。川端作品では他にも『伊豆の踊子』などを翻訳した。また『源氏物語』も名訳として誉れ高い。本人は「サイデンさん」の愛称で呼ばれ、多くの人々に親しまれた。

川端は、自らが文学賞を受賞できたのはサイデンステッカーのおかげだと常々語っていたという。サイデンステッカーは、川端の文学賞授賞式の際にはストックホルムに同行し、記念講演「美しい日本の私」を同時通訳した。川端の思想と言葉を十分に欧米に伝える上で、文字通りなくてはならない存在だった。

このように優れた良い翻訳者とめぐりあえた川端は、非常に幸運なケースだったといえる。一九五〇〜六〇年代、サイデンステッカーやドナルド・キーンら優れた日本研究者が現れてはいたものの、全体的に見ると、日本の研究者は圧倒的に不足していたというのが実情だったからだ。

当時、スウェーデン・アカデミーは非欧米圏の文学にも強い興味を抱き始めていたが、日本人作家の翻訳作品の少なさというのは頭の痛い問題だった。川端が初めて文学賞候補となった一九六一年の選考委員会の資料には「これまでの翻訳作品の数が少なすぎるため、授賞にふさわしいかどうか決められない」という見解が記されている。サイデンステッカーの翻訳により、欧米でもその名が知られ始めていた川端ですら、この扱いである。他の作家にいたっては、推して知るべしだろう。

選考に当たって翻訳作品が少ない場合は、スウェーデン・アカデミーが外部の専門家に依頼するなどして、独自に翻訳版をつくる場合もある。前述のペーテル・エングルンドは二〇一一年の共同通信とのインタビューで、川端への授賞決定には独自の翻訳が「極めて重要」な役割を果たしたと明らかにしている。ただ、翻訳に掛かる莫大な労力と時間を考慮すると、独自の翻訳が大規模に行われているとは考えにくい。アカデミーによる翻訳は、選考で真剣に考慮している一部の候補のみについて行われると考えるのが自然なのではないだろうか。

一方、日本での知名度は決して高くなくても、海外で知られていたことが大きな要因となり文学賞候補に推薦された日本人もいる。その代表が、一九四七年と四八年に日本人として初の文学賞候補者となった賀川豊彦だ。キリスト教社会運動家として知られる賀川は一八八八年生まれ。神戸市新川の貧民街に住み込んで伝道と救貧の活動を展開、「スラム街の聖者」として国際的にも評価されるようになった。北欧を含む世界各国を訪問し、執筆活動も旺盛に行った賀川は、文学賞だけでなく平和賞候補としても四回にわたって推薦されている。

高崎経済大教授の吉武信彦は論文「ノーベル賞の国際政治学」で、賀川と北欧とのつながりを考察し、一〇点以上の賀川の著作が三〇年代に既にスウェーデン語に翻訳されていたことや、ノルウェー語への翻訳も多数あったことを明らかにしている。実際、四七年と四八年に賀川を文学賞に推薦した人物はどちらもスウェーデン人だった。

キリスト教という賀川の活動の土台も、選考委員には馴染み深いものだっただろう。日本人にとっては、賀川は作家としての知名度は高くないが、多数の翻訳の存在が賀川を文学賞候補へと導いたといえる。文学賞の候補となるには海外、特に欧州での知名度が重要であり、それは必ずしも作家としての日本での評価とは一致しないという一例である。

逆に、ノーベル文学賞の受賞者が必ずしも日本で知名度が高いわけでは決してない。日本語の翻訳作品が皆無に等しいという作家も珍しくなく、受賞してもその分野の研究者以外には「初めて聞く名前だ」というケースも頻繁に起きる。

スベトラーナ・アレクシエービッチ、パトリック・モディアノ、アリス・マンロー、莫言《モオイエン》、トーマス・トランストロンメル……。ここ数年の文学賞受賞者をいずれも受賞前から知っていた人、その作品を読んだことがあった人が日本に一体何人いるだろうか。文学賞を選考するアカデミーの委員たちが見ている文学の世界と、一般的な日本人が見ている世界がいかに異なっているか、この受賞者の名前だけを見ても十分に伝わる。

そしてノーベル文学賞をめぐる日本人の関心（文学賞だけに限らないが）が「日本人が受賞するか否か」に集中するのも、このことの裏返しかもしれない。日本人作家が取らなければ、多くの場合、日本人にとって馴染みのない作家が受賞者となるわけで「なるほど、そういう作家もいるのか」という段階から先に議論を進めることが難しい状況がある。受賞を機にたとえ関心を持ったとしても、その作家の作品が日本語で読めるとは限らない。こと文学においては、新たな作家を知る上で「自分の読める言語で作品が手に入るかどうか」が極めて大きな比重を占めているのだ。

実際に、二〇世紀も半ばに至るまで、文学賞の受賞者は欧米諸国の作家でほぼ占められていた。一九一三年には例外的にインドのタゴールがアジア人で初めて受賞しているが、これは彼が母語であるベンガル語の他に英語で作品を残したことが大きく影響している。当時のインドは英国領で英語が使われていたことに加え、タゴール自身、ロンドンに留学したこともあった。またタゴールはベンガル語の詩集を自ら英訳したこともあり、欧米でその名が知られる素地が整っていた。タゴールのような例外はあったものの、五〇年代までは九割以上の受賞者が欧米出身者で占められていた。

こうした状況に多少の変化が見られるようになったのは、六〇年代に入ってからだ。「選考が欧米に偏っている」という批判がスウェーデン・アカデミーに向けられ、アカデミーが欧米の外に目を向け始めた時期と重なる。

六六年にはヘブライ文学の作家として初めてシュムエル・アグノンが受賞、そして六八年には日本人で初めて川端康成が受賞した。その後八八年にはアラビア語作家として初めてエジプトのナギーブ・マフフーズが文学賞を受賞している。

†川端受賞の意味

こうした流れの中で見ると、川端の受賞は日本人で初めてというだけではなく、非欧米圏の作家の受賞という意味でも大きな意義があったことが分かる。川端の二年前に受賞したアグノンは、創作はヘブライ語で行ったものの、ドイツなど欧州に長く暮らした経験があり、欧米圏とのつながりが深かった。日本で生まれ育ち、日本語で「日本の美」を表現した川端が、遠く離れたスウェーデンの選考機関に理解され十分に評価されたということは、まさに画期的なことだった。もちろん、その陰には、川端の精神世界や日本文化を欧米圏の読者にも分かりやすい形に落とし込んだ翻訳者サイデンステッカーの貢献があった。

一方、スウェーデン・アカデミーの側でも、六〇年代に日本人作家への授賞を真剣に考えていた節がある。たとえば六三年に、選考委員会が文学賞候補となった谷崎潤一郎について記したコメントには「日本人にはこれまで賞を与えたことはなく、ぜひ日本人文学者に賞を授与したい。日本の意見では文学界の重鎮として確固たる地位にあるというが、委員会は残念ながら違う考えを持っている」といったくだりがある。

「国籍を考慮することなく、最もふさわしい人物が受賞するべき」というノーベルの遺言から考えれば、候補者個人ではなく候補者の国籍にこだわったようにも読めるこのコメントは注目に値する。ノーベル賞の理念を自ら覆しかねない、極めて「反ノーベル」的なものである。受賞者が欧米圏に偏っていた状況について、アカデミー側でもそれだけ危機感が高まっていたことの証しといえる。

ただ、文学賞において欧米偏重を是正することは簡単ではなかった。ノーベル基金がまとめた統計では、英語二十七、フランス語十四、ドイツ語十三――。一九〇一年から二〇一四年に至るノーベル文学賞受賞者計百十一人が作品で使った言語の数を分析すると、約四分の一が英語であることが分かる。上位三つの英仏独を合わせると、半分近くを占めている。

当時から半世紀が経過した近年でも、アカデミーは依然として欧米偏重との批判にさらされ続けている。二〇〇〇年以降で見ても、欧米諸国の言語以外で創作している受賞者と言えるのは、二〇〇〇年の高行健《ガオシンジエン》（中国語・国籍はフランス）と〇六年のオルハン・パムク（トルコ語）、一二年の莫言《モオイエン》（中国語）など少数にとどまる。

スウェーデン人のアルフレド・ノーベルが始めたという賞の生い立ちを考慮すれば、欧米重視の割合を多すぎるとするか、当然とするかは見解が分かれるところだろうが、日本の文学ファンにとっては重大な問題だ。上位十一カ国を欧州言語が占め、その他の地域になると、十四カ国の十六人（日本語二人、チェコ語二人以外はすべて一人）にすぎないからだ。単純確率では一五％弱の狭き門だ。こうした地域格差を、選考主体であるスウェーデン・アカデミーはどう考えているのか――。

記者は一二年、この問題についても、アカデミーのペーテル・エングルンド事務局長に、ストックホルム旧市街にあるアカデミー本部で聞いたことがある。穏やかな笑顔に実直な人柄が表れているエングルンドに、単刀直入に聞いた。

「ノーベル文学賞は欧米系の言語を重視し過ぎだとは考えられませんか?」

選考内容には、国家機密並みに固く口を閉ざすスウェーデン・アカデミーだ。はぐらかされると思いきや、エングルンドは、ぶしつけな質問にも笑顔を崩さず、即答した。

「その問題は我々も認識している」と率直に認めたエングルンドは、「アカデミーは二〇一一年から、非欧米文化圏の作家協会などに対して、文学賞候補推薦の案内状送付を増やした」と明かしてくれた。さらにアジアを含む非欧米文化圏の文学や出版情勢を研究する専門家をアカデミー内に配置する方針だといい、「候補者の対象地域を増やす試みが既に始まっている」と踏み込んだ。

†地域偏り是正へ

文学賞改革とも呼べるこの新方針の背景として注目したいのは、アカデミーが目指す理想と現実の落差だ。アルフレド・ノーベルは遺言でノーベル賞各賞について「国籍に関係なく、最もふさわしい人物」を対象とするよう記している。他分野、特に自然科学の分野ではこの遺言を遵守するのはそれほど難しいことではない。しかし、文学賞では本質的に言語と文化の壁が立ちはだかる。理想とは裏腹に、どうしても欧米文学重視に陥るのだ。

スウェーデン・アカデミーには、選考委員専門の図書館がある。そこには世界中からあらゆる種類の文学書が集められているが、やはり主要言語は英語やフランス語など欧米系だ。選考委員は当然、多言語に通じる人物がほとんどではあるものの、少数言語やまして文学的ニュアンスまでは理解できない。

エングルンドは、この点について「ノーベル文学賞は本質的に、スウェーデン人によるスウェーデン文学賞だ」と自己分析した。選考委員は全員スウェーデン人であり、いかに幅広い視野と感性を発揮しても超えられない壁は残る。「歴史・文化的に欧米文化は理解しやすいというのが現実だ。当然、南米やアジア、アフリカにも優れた文学は存在しているのだが、目が届かない」という。アジアを含め、非欧米地域からの受賞者を増やしたいとするエングルンドの言葉は、日本人記者へのリップサービスではない。

「我々は、選考過程で、世界の重要な文学者を見落としているのではないかと常に恐れている。それは恐怖に近い感覚だ」と胸の内を明かしてくれた。

文学賞の選考関係者は異口同音に〝政治性の排除〟を選考基準に入れるが、それは政治を無視することを意味しない。なぜなら政治は文学が対象とする時代を表現するのに重要な一部だからだ。そのため、彼らが言う政治性の排除というのは、賞の授与決定が、政治的な介入を意図しないということを明確にしているだけだ。近年の例では二〇〇六年の受賞者となったオルハン・パムクが好例だろう。

政教分離を国是としながら、イスラム教徒が国民の九九％を占めるトルコで、イスラム教の伝統的価値観と西欧化の葛藤を描いたパムクは、国際的に評価された著作『わたしの名は紅《あか》』（和久井路子訳）で、イスラム美術の細密画と、遠近法を取り入れた西洋画という異なる技法に引き裂かれるオスマン・トルコ帝国の絵師たちを描いた。「西洋画は個人の目で世界を見る。もう一方は空高くから、神の目で世界を見る。それは目そのものというより、心の目だ」と、象徴的に二つの世界の違いをとらえた。

†文学賞の政治メッセージ

二〇〇一年の米中枢同時テロとそれに続くアフガニスタン、イラクでの戦争で露わになった西洋とイスラム社会の分断の時代、二つの価値観の間であがく人間を描くパムクにノーベル賞委員会は文学賞を贈った。委員会が意図したか否かは別にしても、〝欧米社会とイスラム社会の衝突に解決策を見いだす時が来た〟――それが世界に送られたメッセージだった。

一五年受賞のベラルーシの女性作家スベトラーナ・アレクシエービッチも政治的メッセージが強い受賞だった。彼女は、チェルノブイリ原発事故で犠牲や苦痛を強いられた人々の証言を集めたノンフィクション作品『チェルノブイリの祈り』で知られる。授賞式を前にストックホルムで記者会見した際には、福島第一原発の事故について、「チェルノブイリ事故以上に原子力エネルギーの危険性を世界に示した」と強調。住民を欺いたとして日本政府を糾弾し、反原発を訴えた。

チェルノブイリがもたらした苦難の記憶を丹念に掘り起こし、芸術作品に昇華させた独創的な作品には、選考を担うスウェーデン・アカデミーのサラ・ダニウス事務局長も深く共鳴したようだ。共同通信のインタビューに対し、福島の事故はチェルノブイリと「多くの類似点がある」とも指摘した。

アレクシエービッチは、現在のロシアについて、民主主義への道を放棄し、ソ連型の強権国家に回帰しつつあると批判、プーチン大統領を「独裁的」と非難してきた。クリミア半島を併合し、ウクライナ東部の支配権を握り始めたロシアに世界の目が釘付けになる最中の授賞は、ロシアやベラルーシで「政治的意図がある」と受け止められた。当局が統制するロシアやベラルーシのメディアは授賞を無視するか、批判的にしか報じなかった。アレクシエービッチを「人民の敵」と毛嫌いする人々も多い。

「あなたは反ロシア的だから、ノーベル賞を受けたとの批判が地元で報じられている。どう思うか」――。授賞式に先立つアレクシエービッチの記者会見では、こんな質問まで飛んだ。だが、かつて発禁などの憂き目に遭ったアレクシエービッチは「作品が評価されたのだから、気にしていない」とかわした。

着飾った紳士淑女が集う受賞者晩餐会に、アレクシエービッチは、ドレスではなく、普段と同じズボン姿で登場。十四分間にわたる演説を行い、異彩を放った。その中で、賞はソ連体制下の人々の苦痛に対して与えられたものだと強調し、ソ連崩壊後にロシアやベラルーシで復活した「独裁的な全体主義」を批判。「普通の人々」の肉声を、華やかな会場にも伝えようとする一貫した姿勢に招待客らは圧倒され、拍手がなかなか鳴り止まなかった。スウェーデンのメディアも、感動的だったと評価した。

†唯一のノーベル賞辞退

ノーベル文学賞の歴史上、唯一、自主的に受賞を辞退した人物がいる。フランスの哲学者であり、『嘔吐』などの作品で知られるジャン＝ポール・サルトル（一九〇五〜一九八〇）である。サルトルは一九六四年、その作品における「自由な精神と真実の希求」などが評価され、文学賞の受賞が決まったが、辞退の意思を公表し世界を驚かせた。

サルトルはこの年十二月の米誌「ニューヨーク・レビュー・オブ・ブックス」に辞退理由について世界に説明するために、こう寄稿している。

「私は公的な栄誉というものをすべて拒否してきた。戦後、一九四五年のレジオンドヌール勲章（フランスで最高の勲章とされる）でも、政府には同情したが、断った。同様に、何人かの友人が薦めてくれたのだが、コレージュ・ド・フランスに入ろうなどとは考えなかった。こうした態度は、作家の企てに関する私の考え方に基づいている。政治、社会、文学について書く作家は、言葉によってのみ行動すべきだ。作家が享受するいかなる栄誉も、読者を望ましからぬ圧力にさらすことになる。私が署名する〝ジャン＝ポール・サルトル〟は、〝ノーベル賞受賞者ジャン＝ポール・サルトル〟と同じではない。／こうした栄誉を受けた作家は、授けた団体や制度と無関係ではいられなくなる。ベネズエラ革命に対してシンパシーを抱くとき、それは私だけの問題だが、ノーベル賞受賞者のジャン＝ポール・サルトルがベネズエラの抵抗運動にシンパシーを表明すると、ノーベル賞という制度すべての問題としてしまうことになる」

ノーベル賞という制度の看板と権威を研究推進に役立てている科学者や、平和活動の後ろ盾にしている政治家や活動家は多い。いずれもノーベル賞の有効利用と言える。しかし、文学賞の場合、ノーベル賞は結果であって、賞を受けたことで、作家の作品の質が向上するわけでは必ずしもない。賞の権威に縛られ、作品以外での発言も耳目をあつめ、必要以上に賞の重さを背負って生きることを運命づけられる。サルトルはそれを拒否したのだ。

さらに、二〇一五年になって分かったことは、サルトルが受賞発表の直前に、スウェーデン・アカデミーにあらかじめ、辞退の手紙を送っていたことだった。サルトルはノーベル賞やノーベル財団に対する否定的な見解のせいではなく個人的な信条によって、「賞を受けることはできない」と説明したが、手紙がストックホルムに着いたのは、授賞発表後であった。

第 二 章

物理・化学・医学生理学賞
——発見と開発の熾烈な競争

ストックホルムのノーベル賞授賞式会場。スウェーデンの王室や世界各国の科学者、外交団らが受賞を祝う(著者撮影)

†東北にノーベル賞を、賞獲得活動は存在した

「三十〜四十年前は日本も国として、いろいろ（受賞工作を）やっていたよ」。在スウェーデン大使館に駐在経験のある日本の外交筋はこう振り返る。

「いろいろ」とは、どんなことなのか。「自然科学系の賞の選考委員全員に招待状を出して、『セミナー』の名目で京都に招いたことがあった。そういうときは、飛行機のスチュワーデスはきれいどころをそろえたりもした」。そういうことが許された時代でもあったのだろう。それがどの程度効果があったのかは分からないが、八七年には京都大卒の利根川進・米マサチューセッツ工科大教授が医学生理学賞を受賞している。

「でも、今はもうそういうことはしないね。大使館というより、日本学術振興会の事務所がストックホルムにあって、そこが動いている。活動の様相も『日本として』ではなく『おらが大学に』という風に変わった。今は各大学が自分たちで動いている」。二〇〇〇年以降、自然科学系の賞で日本人の受賞が相次ぎ、もはや国威発揚のために国を挙げてノーベル賞を追い求める必要はなくなったということだろう。各大学の中で最近、熱心な活動で知られるのが東北大だ。

「わが大学は世界の研究機関と連携して科学振興に取り組んでいる。カロリンスカ研究所とも

ぜひ協力関係を築きたい」。二〇一三年九月十日、スウェーデンの首都ストックホルム。東北大の里見進総長ら幹部が同研究所のハムステン所長らとテーブルを囲んでいた。

「カロリンスカ研究所は『面会をお願いします』と言っても、なかなか『うん』とは言ってくれない。つてを通じて幾度も打診した末にようやく叶った」（東北大幹部）念願の面会。そこには、医学生理学賞の選考機関であるカロリンスカ研究所に存在をアピールしたいとの秘めた狙いがあった。

「まずは東北大のことを知ってもらわなければ」と、里見学長らは「東北大は百年前に日本で初めて女子学生を受け入れた」「光通信の発祥の地でもあるんです」などとアピール。海外の著名研究者を東北大に長期間招き、共同研究や若手の育成に取り組む「知のフォーラム」というプロジェクトを同年から始めたことも紹介した。話し込むこと約一時間。仙台で合同シンポジウムを開くことを提案すると、ハムステン所長は「それはとてもいいことだ」と応諾。合同シンポは一四年十一月に実現し、東北大に同研究所の研究者五人を招いて、がんやアルツハイマー病の治療、バイオバンク計画などについて意見交換した。

「ノーベル賞に関係するところと交流を深めていこうと戦略を立て、実行しているところだ。推薦資格を持つ研究者との交流もやっている。ただ座って『推薦してください』では駄目」と東北大幹部。その胸には、ノーベル賞受賞という点では旧帝大の中で後塵を拝しているとの危機感がある。

東北大では、出身者である田中耕一・島津製作所シニアフェローが〇二年に化学賞を受賞したが、現役の教授らの受賞はゼロ。一方、名古屋大は一四年物理学賞の天野浩教授ら現役・出身者で計六人（学部卒のほか博士号取得、在籍経験を含む）を輩出した。東大、京大のみならず、北海道大学も一〇年に鈴木章名誉教授が化学賞を受けている。東北大幹部は「やはり現役の大学在籍者から受賞者を出したい」との思いを隠さない。

カロリンスカ研究所との会談があった一三年九月のストックホルム訪問では、こんな一幕もあった。当時の駐スウェーデン日本大使が同席した会合でのこと。大使が書記官として大使館に在籍していた八七年に利根川進教授、大使二年目の一二年には山中伸弥・京都大教授がともに医学生理学賞を受賞したことから、東北大からの参加者の一人が「北大でも鈴木さんがいるのに、わが大学は……。御利益がありますように」と大使の体をさすったのだという。ノーベル賞への渇望が生身の人間をお地蔵さまに変えたのだ。一流大学間の競争意識が零れ落ちるようなエピソードといえるだろう。

では、ほかの大学はどうなのだろうか。北大は鈴木名誉教授の化学賞受賞の二年前、〇八年十一月にストックホルムで「情報発信型シンポジウム」を開催していた。スウェーデンのストックホルム大やウプサラ大、ロシアや中国の研究者も招いた国際シンポジウムで、北大の触媒化学研究センターと日本学術振興会などの共催。会場は化学賞の選考機関である王立科学アカデミーだった。鈴木名誉教授だけでなく、一〇年に化学賞をともに受賞した根岸英一・米パデュー大特別教授も講演。テーマはまさに二人の受賞理由となった、有機化合物を合成する「クロスカップリング」という技術についてだった。

ここまで条件がそろえば、受賞との関係を勘ぐりたくなる。北大は「あくまで触媒化学研究センターが単独でやったもので、大学として戦略的に開催したとか、鈴木名誉教授のための活動だったということはない」と否定するが、「北大と鈴木さんがプレゼンス（存在感）を高めたことが受賞につながった」と関係者の見方は一致する。前出の外交筋は「研究内容や研究者のことを知ってもらうことが重要なんだ」と指摘する。

一方、山中教授が医学生理学賞を受賞した京都大は、東大と並ぶ日本のトップだけあって、国際交流も盛んだ。スウェーデンとはストックホルム王立工科大など四つの大学と九七年以降、順次、学術交流協定を結んでいる。一四年九月には、国際戦略の一環として、海外でのプレゼンスを高めようと、ストックホルムで医学生理学賞を選ぶカロリンスカ研究所、王立工科大などと共同で国際シンポジウムを開催。エネルギー科学や生命情報学などをテーマに、二日間でのべ約百五十人が参加し、さらなる連携に向け議論が交わされた。

京都大の場合、世界的にも有名な観光地であるため、国際会議がたびたび京都で開かれるという、目立たないが大きな地の利もある。

山中教授の受賞をめぐっては、こんなエピソードがあった。

京都では〇四年から毎年秋、世界の研究者、政治家、経営者らが集う「科学技術と人類の未来に関する国際フォーラム」(STSフォーラム)という会議が日本のNPO法人の主催で開かれている。山中教授に医学生理学賞を授けた一二年当時、カロリンスカ研究所の所長だったハリエット・バールベル＝ヘンリクソン女史は、同法人の理事の一人。ただ、〇五年、〇六年の出席以降、会議そのものからは足が遠のいていた。

ところが、一二年のSTSフォーラムを控えた同年九月のこと。ストックホルムで日本の外交筋と懇談したバールベル＝ヘンリクソンは「ここ数年、京都には行ってなかったんですが、今年は行きます。やっぱり山中よね。山中に会ってくるのよ」と意味深に話したという。

そして、受賞発表の前日の十月七日。フォーラム会場の国立京都国際会館で二人は「世界の健康問題」というセッションにパネリストとして出席。バールベル＝ヘンリクソンが議長を務め、山中教授はiPS細胞の可能性や課題を話した。山中教授はこの会議が終わったときのバールベル＝ヘンリクソンとのやり取りを、十二月七日にカロリンスカ研究所で開かれた受賞記念講演で明かしている。「私が別れのあいさつをすると、所長がウインクしてくれたように見えたんです。そのときは半信半疑でしたが、今はその意味が分かります」

会場は大きな笑いに包まれた。選考の具体的な内容に関しては徹底した秘密厳守で知られるノーベル賞。彼女がその時に選考の方向性を意図的に漏らすことは考えにくいが、「人」がやっていることには変わりない。そんな人間味を感じさせる裏話だ。

†打倒日本、中韓のノーベル賞熱

さまざまな組織の細胞になる能力がある「人工多能性幹細胞（iPS細胞）」の開発が評価され、医学生理学賞を受けた山中伸弥。iPS細胞の作製を初めて発表した〇六年から、わずか六年でのスピード受賞だった。生命科学研究の一大潮流をつくった研究は、一九八七年に同じ賞を受けた先達の利根川進・米マサチューセッツ工科大教授が「山中先生の受賞は確信していた」「傑出した独創的な発見」と手放しで称賛するほどのインパクトを持ち、世界中の科学者を驚かせた。「科学技術立国」日本の未来には光が差していた。

今世紀の日本の受賞歴を振り返ると、まず二〇〇一年に野依良治が化学賞を受賞。翌〇二年には物理学賞の小柴昌俊と化学賞の田中耕一がダブル受賞した。その後しばらくは受賞がなかったが、〇八年に南部陽一郎（米国籍）、小林誠、益川敏英の三人が物理学賞を独占。この年には化学賞も下村脩が受賞し、同じ年に四人の受賞者を出すという快挙を成し遂げた。

その後も受賞ラッシュは続いている。一〇年には鈴木章と根岸英一がそろって化学賞を受け、一二年には山中が受賞する。そして一四年には、赤崎勇、天野浩、中村修二（米国籍）の三人が青色発光ダイオード（LED）の発明で物理学賞を独占。「さすがに次の日本人受賞には何年かは間隔があるだろう」という大方の予想を裏切り、一五年にも梶田隆章・東京大学教授と大村智・北里大学特別栄誉教授が受賞。一六年にも大隅良典・東京工業大栄誉教授が医学生理学賞の栄誉を受けた。日本は今世紀に入り着実に受賞者を生み出しているばかりか、近年そのペースは一段と速まっている印象を受ける。

特に青色LEDをめぐっては、基礎研究から実用化まで重要技術の開発は全て日本人が成し遂げた。明るくエネルギー節約効果の高い照明を実現した功労者そろっての受賞により、日本の科学界の実力は国内外に存分に示されたと言える。二一世紀に入ってからだけで十六人にノーベル賞が授与された。それ以前には六人が受賞しており、自然科学三賞では一六年までに計二十二人の日本出身者にノーベル賞が授与されたことになる。

日本は二〇〇一年に策定した第二期科学技術基本計画の中で、国際的な科学賞を欧米の主要国並みに輩出する目標を設定。ノーベル賞では「今後五〇年の間に三〇人ほどのノーベル賞受賞者」を出すという野心的な目標を掲げた。科学の発展をノーベル賞の受賞者数で計るという発想自体、日本人の「ノーベル賞至上主義」を反映しているようではあるが、日本人の受賞ラッシュは奇しくも、この計画策定とタイミングを合わせたかのように始まっている。その後十五年間で十六人の受賞者を出したという実績は、この計画での想定を大きく上回るペースだ。日本政府の当局者は「二〇〇〇年以降の国別の受賞数では、圧倒的な一位は米国だが、ドイツを抜いて二位。ノーベル賞を取るためだけにやっているわけではないが、この実績は高く評価できる」と話した。日本が長年投資してきた基礎研究の分野で目に見える成果が出ているこ
とに加え、これまで地道に取り組んできた海外とのネットワーク作りも実を結んでいるとの評価だ。

†ゴールドラッシュに歯ぎしり

日本の〝ゴールドラッシュ〟にライバル心を燃やす国の筆頭が、いわずと知れた韓国だ。山中教授への授賞が発表された直後。日本人研究者や研究機関の成果を広く知ってもらうために活動する日本学術振興会の関係者の元には、一通のメールが届いていた。「(受賞のために)何をしたのか」。差出人は、韓国の学術研究を支援する組織である韓国研究財団の関係者。韓国政府と密接な関係を持つこの組織の関係者は、日本人がノーベル賞を受賞したことに露骨な関心を抱いていた。行間からは、韓国人のノーベル賞受賞者誕生への渇望がにじみ出ていた。

一三年一月、韓国の駐スウェーデン大使がノーベル財団のヘイケンシュテン専務理事を招いてストックホルム市内で開いたレセプション。あいさつに立った韓国大使の言葉は、出席者一

同を驚かせるに十分なものだった。

「どうやったらわが国もノーベル賞が取れるのか、ぜひ専務理事にご教示願いたい」

選考においては公正さ、中立さが何よりも重視されるノーベル賞だけに、受賞に向けたあからさまな働きかけは逆効果になりかねない。その場に居合わせた関係者は「ずいぶん正直に言うものだなと、苦笑いしたものだった」と振り返る。

一七年末の時点で、日本人の受賞者は、一九四九年に物理学賞を受賞した湯川秀樹以来、計二十五人。日本生まれのカズオ・イシグロを入れれば、二十六人となる。これに対し、ノーベル財団が韓国生まれと認定しているのは二人にとどまっている。うち一人は二〇〇〇年に、北朝鮮との対話路線で平和賞を受けた元韓国大統領の金大中。もう一人がチャールズ・ペダーセン。利根川進が医学生理学賞を受けたのと同じ一九八七年に、生体機能を模倣した化合物の発見と合成に関する業績を認められ、化学賞を受賞した。

ところが、このペダーセン、生まれは現在の釜山《プサン》だが、父は当時、釜山に住んでいたノルウェー人の海洋技師、母は大豆と蚕貿易のため家族に連れられて朝鮮半島に渡った日本人女性だった。ノーベル財団の記録によれば、ペダーセンは教育のため八歳で長崎に渡り、米デイトン大で化学を専攻するまでは横浜の学校に通っていた。このため科学研究の道に関しては、日本と米国をまたぐ研究者と言ってよいだろう。

近年、自動車産業やサムソンなど先端技術を駆使する企業の活躍が目覚ましい韓国だが、自然科学分野でノーベル賞受賞者が実質ゼロ。この現実を韓国人はどう受け止めているのか。韓国の主要紙、中央日報《チュンアンイルボ》は韓国側の心情を伝えている。

二〇一四年のノーベル賞が発表されて間もない十月二十日、中央日報《チュンアンイルボ》（電子日本語版）は、李祥義《イ・サンイ》・元科学技術部長官による分析記事「ノーベル賞はなぜ韓国を冷遇するのだろうか？」を掲載した。長官職は、日本の文部科学大臣に相当する。そのトップだけに、韓国がこの問題をどれだけ深刻に受け止めているかが窺える内容だ。

韓国の科学技術振興を目的に来日し、日本の閣僚と意見交換した経験もある元長官は、「アジア競技大会やロンドンオリンピックのように韓国の身体的競争力は上位圏にもかかわらず、ノーベル賞のような科学分野の頭脳競争力はメダルが全くない下位圏にとどまっている」と現状を分析した。

「今やノーベル賞は、国家頭脳の競争力の指標になっている」との認識に立つ元長官は、「世界の〇・二％に過ぎない人口で全体の二四％に達するノーベル賞を受賞したユダヤ人」を参考に、韓国のノーベル賞獲得戦略を練るべきだと主張。「韓国国民はユダヤ人のＩＱより平均十二点も高いと評価されたことがある」として、①子供の知的好奇心を刺激する家庭教育、②個性が発揮できる学校教育と企業体質、③優秀な人材活用ができる国家制度の構築――を提唱した。

　元長官は、韓国の暗記中心教育では他国に勝てないと懸念すると同時に、中国に対する熱いライバル心も隠さず「韓国が中国の頭の役割をして、中国は韓国の胴体になってこそ知識社会国家の生存が可能だ」と主張した。

　ユダヤ人と比較して自国民に奮起を促すのも無理はない。ノーベル賞選考機関、スウェーデン王立アカデミーの委員やノーベル財団理事を歴任したアーリング・ノルビ著『ノーベル賞はこうして決まる――選考者が語る自然科学三賞の真実』（千葉喜久枝訳）によれば、二〇〇九年の時点で物理学賞を受賞した百八十七人のうち四十七人、化学賞百五十七人のうち二十五人、医学生理学賞百九十五人のうち四十九人がユダヤ系とのデータがある。ノルビは「わずか〇・二五パーセントの民族集団が、複数の分野で二五パーセントの賞を得ているという報告と結びつけるなら、人類が持っている、世界的に利用できる科学的創造力のうち、わずか一パーセントしか利用されていない、と結論せざるをえない」と指摘している。韓国の元長官は、この人類を自国民に言い換えて、欧米や日本に追い付こうと韓国全体に呼びかけた。

　韓国の全国紙、京郷新聞《キョンヒャンシンムン》（電子版）の一一年一〇月一一日の記事では、自国からのノーベル賞受賞者誕生の瞬間を待望する韓国の大学の例が紹介されている。近年躍進が目立ち、「ポステック」の名称で知られる私立の浦項《ポハン》工科大学。その敷地内には「未来の科学者」と刻まれた空の台座がある。そこに胸像が飾られる人物は、まだ見ぬ母校出身のノーベル賞受賞者だ。同大学の担当者は「世界的な科学者になろうという夢を生徒にもってもらう目的で作った」と述べている。この大学では、二〇人以上のノーベル賞受賞者が記念植樹した木も育てられているという。

さらに、二〇〇九年設立の国立大、蔚山《ウルサン》科学技術大学には、敷地内を流れる川に架けられた八つの橋がある。しかし、その橋には名前が付けられていない。この大学から将来ノーベル賞受賞者が出た時に、その人物の名前を刻む予定になっているという。大学の総長が「学生のチャレンジ精神を育てよう」として発案したものだ。

これらの例からは、韓国学術界におけるノーベル賞への並々ならぬ熱意が窺えると同時に、日本以上にノーベル賞という「魔物」にとらわれつつある韓国の姿が透ける。

†マイペースの中国、長期戦で王座狙う

一方、一〇年に劉暁波《リユウシヤオボ》が平和賞を、一二年に莫言《モオイエン》が文学賞を受賞している中国は、自然科学分野では日本の後塵を拝してきた。一五年に念願の初受賞が中国中医科学院の屠呦呦《トウユーユー》・主任教授によって叶えられたが、それ以前に自然科学三賞を受賞した中国系の研究者はいずれも米国籍だ。母国を離れた後に頭角を現した研究者であり、中国の教育システムの産物ではなかっ

た。

　こうした現状を厳しい目で見ていたのは、中国科学研究の現状に詳しい英ノッティンガム大学のコン・カオ教授。欧米や中国系メディアで活発に発言している。

　羅針盤や印刷技術、火薬など人類を発展させた偉大な科学的発見を成し遂げた中国がなぜ、ノーベル賞に値する研究を生み出せないのか？　教授は、共産党を頂点とする権威主義に貫かれた大学など研究機関の現状が研究者の意欲を奪い、優れた研究者が現場を離れ管理職に移ってしまう文化が基礎科学の発展を阻害すると指摘した。また、顕著な〝頭脳流出〟の問題が横たわっているとしている。中国人の海外渡航規制が緩和された一九七八年以降、二〇〇〇年ごろまでに、国外に出た中国人の学生や学者は五十八万人に上るが、帰国したのは十五万人にすぎない。米国を例に取れば、一九八六年から九八年にかけて米国の大学で博士号を取得した中国人は二万一六〇〇人以上いたが、その後も米国滞在を望む者は、一万七三〇〇人に上ることが、全米科学基金の調査で判明している。

　一方で中国による科学技術分野への投資は近年急増。研究水準の急速な発展を背景に、中国政府は将来の大量受賞を想定して着々と準備を進めてきたもようだ。

　日本の外交筋はこう振り返る。

「莫言が文学賞を取った時、中国は国として初めて授賞式に人を送り込んでいた。その時、中国政府の関係者から色々と実務的なことを聞かれたんだ。『今後、（自然科学系で）他の賞を取った時には、どういう人間を政府から呼んだらいいのか。どういった手順で呼ぶのか。ノーベル財団やスウェーデン王室の許可はいるのか』って」

受賞レースで独走する日本をお手本にする傍らで、中国側には、自然科学三賞での自国の研究者の受賞は「時間の問題」との認識があったようだ。受賞への焦りを隠さない韓国とは対照的に、ゆっくり着実にというお国柄が表れた。

こうした時期を経て初受賞となった二〇一五年。大村智・北里大特別栄誉教授らと共にノーベル医学生理学賞を受賞したのが、中国中医科学院の屠呦呦《トウユーユー》。屠は中国医学の専門家で、中国中医科学院の終身研究員。マラリアに効果がある薬の開発に貢献し「発展途上国を中心に数百万人の命を救った」ことが評価された。中国メディアによると、屠は幼少期に中国医学の効果を知り、研究を志した。一九六〇～七〇年代に知識階級が迫害を受けた文化大革命の間も、研究を続けたという。国営・新華社は「中国の神薬」と持ち上げ「中国医学が獲得した最高の賞だ」と指摘。中国の李克強《リークーチアン》首相は早速、「中国の科学技術の繁栄と進歩の表れだ。中国の総合的な国力と国際影響力の向上を見せつけた」とたたえた。

浙江省《せっこうしょう》出身の屠は、米国などへの留学経験もなく「本土育ち」で、中国の伝統医学出身であることから「中国科学者の創造的能力を世界に示した」（中国の衛生当局）と民族的な自尊心がかき立てられた面も顕著だった。

一九五五年に現在の北京大医学部を卒業した屠《トウ》は、一貫して中国薬学の研究に従事した。二〇一一年には抗マラリア薬の研究により、米国で最も権威ある医学賞でノーベル賞への登竜門ともされる「ラスカー賞」を中国本土の学者として初めて受賞するなど、中国としては本命候補でもあった。

北京晩報《ベイジンワンバオ》によると、屠はノーベル賞受賞決定について「特別な感覚はない。少し意外だが、みんなで何十年も研究してきたのだからとても意外ということでもない」とした上で、「私一人の栄誉ではなく中国の科学者全体の栄誉」と強調した。中学時代の同級生によると、屠は着る服も素朴で「特に人目を引くところはない生徒だった」。同級生に「（薬を）自分の体で実験したため体を壊してずっと体調が悪い」と淡々と話すこともあったという。

いずれにせよ中国国民は、手放しで栄誉をたたえた。インターネットの書き込みでは「国の誇りだ」などの称賛が相次ぎ、浙江省寧波《ニンポー》市の旧居に連日多くの観光客が訪れるようになったのは、大村教授が山梨県韮崎市につくった美術館などが一時的に観光名所になった現象と同じだ。屠が北京大に進学するまで多くの時間を過ごした旧居に人々が押し掛けた。学業で最高の栄誉を手にした偉人にあやかろうとする親子連れが目立つという。地元当局は旧居がある住宅地の警備を強化。啓発活動や国威発揚のための施設としての活用検討に早速着手した。

自然科学分野で中国にも先を越された韓国の動揺は想像に難くない。屠の受賞が決まった際、韓国メディアは「産業化ではまだ韓国に遅れているとみていた中国が科学分野のノーベル賞をもらい始める現実を目の前で見ることになった」と驚きを隠さなかった。屠が博士号も留学経験もない中で、自らの研究を地道に続けて受賞につながったことにも触れ、対する韓国は「黙々と同じ道を進んでいく学者よりも研究費をうまく獲得する教授が勢力を伸ばす」と自国の状況に憂慮を示した。

程度の差こそあれ、日中韓三カ国とも、ノーベル賞に「国家と民族」の意味を探し求めている現状は変わらない。今後、ノーベル賞発表の季節が訪れるたびに、東アジアでの国別の対抗心は燃やされ続けることになるのだろう。創設者ノーベルはこの事態を、〝草葉の陰〟からどのような思いで見つめているのだろうか。

コラム　受賞式典のしきたり

ストックホルムで行われるノーベル賞授賞式関連のイベントにはユニークな伝統がある。遊び心が豊かに発揮されているいくつかを紹介したい。

・その一　秘密のカエル跳び

毎年ノーベル賞授賞式の三日後の十二月十三日、ストックホルム大学ではノーベル賞受賞者と学生によるルシア・パーティと呼ばれる会合が開催される。メディア関係者は一切入れないため、参加者以外には知られていない。このパーティでは、学生と受賞者が一緒にカエルのようにジャンプする儀式が行われる。大学によれば、一九一七年以来続く伝統の儀式で、自然科学の〝飛躍〟に貢献した偉大な科学者のジャンプ力にあやかるのが起源なのだという。

・その二　本物のメダルは？

授賞式でスウェーデン国王から受け取るノーベルメダルは、授賞式に続く晩餐会などの場では邪魔になったり、紛失したりする恐れがあるので、ノーベル賞委員会にいったん預けるしきたりがある。その後、一連の行事が終了しそれぞれが帰国する前に、メダルを受け取りに行くと、見せられるのが三個のメダル。受賞者は「本物を選べ」と命じられる。そのうち二個は本物そっくりに造られたチョコレートで、ストックホルムのノーベル博物館でお土産に売られているもの。時々間違ってチョコレートを選んでしまう受賞者がいるらしい。ちなみにこのチョコレートは、観光客に大人気のアイテム。京都大の山中教授は、取材陣に「お土産に千枚買いました」と明かした。

二〇一五年に受賞者となった梶田隆章・東大宇宙線研究所長と、大村智・北里大特別栄誉教授の二人は、二千枚前後のチョコを買う〝爆買い〟計画を明かした。博物館の関係者によると、チョコレートの七〇％は日本人観光客が買っていくのだという。こんなところにも、日本人のノーベル賞好きが表れている。

・その三　おそれ多い？

そのノーベル博物館にあるカフェ。スウェーデン料理のランチや気軽なコーヒータイムを訪問者らは楽しんでいる。一見ごく普通の北欧風のしゃれたカフェだが、木製の黒い椅子の底には、過去の受賞者のサインがしてある。椅子をひっくり返すと、そこには日本人を含む天才科学者や文学者らが残したサインの数々。訪問客はその椅子を普通に使っているが、実際に座ると、お尻の下が、おそれ多さでむずがゆい感じがする。

†真の創造性とは

日中韓がレベルアップに懸命となっている科学の能力と環境。ノーベル財団はこの問題をどう考えているのか。記者は二〇一四年十二月、ノーベル博物館の研究員でノーベルの創造性を広めるシンポジウムや教育研究のために世界各地を飛び回るトビアス・ディクセルに話を聞いた。インタビューはノーベル賞授賞式のためにストックホルムを訪れていたドイツのフランクフルター・アルゲマイネ紙の男性記者と、新華社通信の女性記者も同席。自然科学部門での中国受賞者はまだ登場していない時期で、新華社の女性記者は早速、「なぜ中国でノーベル賞が生まれないのか」との質問をディクセルに向けた。

このときは、米カリフォルニア大サンタバーバラ校の中村修二教授と天野浩・名古屋大教授、赤崎勇・名城大終身教授の三人の日本人受賞者が生まれたばかりだった。

ディクセルは、我々の質問に答える前に「ちょっとしたテストがしたい」と言いながら、ポケットからテーブル上に小さなプラスチックの袋を置いた。それは、レゴブロックであった。

長さ二センチほどの長方形の赤や黄色のブロックは全部で六ピース。ディクセルは怪訝な表情を浮かべる記者たちに「このブロックを使って、二分以内に鴨をつくってください。質問は無しでお願いします」と、スマートフォンのストップウォッチで時間を計り始めた。

実験の意図を測りかねたものの、記者は何とか不恰好ながら、鳥の形と言えなくはない形を作った。アルゲマイネの記者も何とか形になった。新華社の女性記者は、困惑した様子で、まだバラバラのピースをテーブル上で動かしていた。

約束の二分が過ぎた。ディクセルが黒縁めがねの奥から、いたずらな笑みを浮かべながら、種明かしを始めた。

それは実に簡単な答えであった。ディクセルは「鴨を作れ」といっただけで、鴨の形状は指定しなかった。このため、六ピースの小さなブロックでつくる形は何でも良かったのだ。作る人が思い描く鴨の形であれば、「結果は自由」というのが種明かしだった。そして「これが創造性の真髄です」と、ディクセルは語気を強めた。あらゆる創造性の本を読んだ上で、自分の創造性レクチャーやそれへの参会者とのやり取りを経て編み出した「最善の創造性テスト」だという。「例えば五百人にこのテストをすれば、五百通りの解決策がある。最初から正しい解答は何かを考え出すと創造性は発揮できない」「新華社の方には悪いが、実は中国でこの傾向が顕著なのです」

ディクセルは続けた。「最近、中国のトップクラスにある複数の大学で学生にレクチャーをしました。彼らはエリート教育の中心にいるだけあって、問題解決能力は欧米の学生に比べても驚くべき高さを誇る。欧米の学生が難しいと思う問題を与えても、中国の学生は即座に解いてしまう。だが、このレゴブロック問題を出すと、〝何が正しい答えなのか〟と考え込んでしまうのです。対照的に米国の学生にレゴ問題を出すと、非常に高い創造性を発揮するのです。問題は何か、そしてあるべき解決策が何かは自分が決めるのではなく、国家が決めると思い込んでいるのです。そこに中国の創造性の問題があるのです」。新華社の女性記者は、不満げに、しかし納得せざるを得ないといった顔つきで頷いた。

ディクセルは日本の特質にも言及した。主な内容は「基礎科学への投資と科学者の本国志向」であった。「日本の科学者は米国などで学んだ後に日本に戻って知識を（母国に）還元している」。米国などに留学するとそのまま永住してしまう傾向が強い他国と比べての日本の利点を挙げた。何かと「内向き」と批判が強まっている日本人の志向だが、逆説的な形で〝ノーベル力〟に寄与しているようだ。

米国のハーバード大の国際関係委員会が発行する季刊レビューもこの問題で興味深い分析をしている。レビューは、「韓国が人口当たりの博士号保持者の割合が世界一、中国が技術と経済の急速発展の象徴でありながら、ノーベル賞受賞者数で日本と驚くほどの格差があるのはなぜか」と問題を提起した。

最初の原因として明示されたのは、中国と韓国が日本と比較して後発の発展国であり、欧米や日本に追い付こうとする過程で、「革新性よりも、模倣が重視された」ことを挙げた。「韓国にも高等科学技術研究所のような機関があるが、企業の市場獲得に重きが置かれ、基礎科学はないがしろにされてきた」と指摘した。また、教育現場で、暗記が重視されていることが問題で、中国と韓国両国は、科学研究に多額の費用を投じているが、教育改革こそが、ノーベル賞への道だとしている。

一方の日本は、江戸時代の蘭学の伝統から、海外の知識吸収に熱心だった歴史的な背景も科学の普及に貢献していると分析、「生産技術よりも、理論科学を重視してきた」とした。

さらにレビューはディクセルと同様に「日本では頭脳流出の問題が小さい」と指摘、「中国人が米国での教育に基づいてノーベル賞を得ているのとは対照的に、日本人は日本国内での研究成果でノーベル賞を獲得した。日本は模倣段階を抜け出し、創造性を育んだ。多くの面で日本は東アジア諸国の中で創造性の問題で傑出している」と賞賛した。

なんとも面はゆい褒め言葉が並ぶが、こうした〝日本礼賛〟ばかりに気を取られると、将来の全体像を見失う恐れがある。結果として、ノーベル賞獲得では優勢ではあるものの、日本でも暗記中心、詰め込み型の教育の傾向は根強く残っている。他方米国や英国主要大学での日本人留学生は激減しており、頭脳流出の問題は抱えながらも、本国に戻って研究を続ける中国や韓国の優れた学生も少なくはない。

英教育誌タイムズ・ハイヤー・エデュケーションが二〇一五年六月に発表したアジア、中東大学ランキングによると、東京大が二〇一三年の発表開始以来三年連続でトップだったが、上位百校に入った日本の大学は前年より一校少ない十九校で、二十一校の中国に初めて校数で首位の座を譲った。日本に続く三位は、前年と同じ韓国で十三校。台湾（十一校）、インド（九校）、香港（六校）、トルコ（同）が続いた。大学別ランキングでは東大に次ぐ二位がシンガポール国立大、三位が香港大。日本勢はほかに京都大（九位）、東京工業大（十五位）、大阪大（十八位）、東北大（十九位）、名古屋大（三十二位）など。一方、昨年より三校増えた中国は北京大が四位、清華大が五位に入り、いずれも順位を一つ上げた。

大学ランキング＝ノーベル賞への距離とはいえないが、アジア諸国が本格的に底力を付け始めているのは間違いない。そして、海外で技術を貪欲に求める中韓の学生エネルギーはますます高まっている。

圧倒的な数の研究者の存在を背景に、中国の科学論文の絶対数は既に日本を上回っている。そして、その国の科学研究のレベルを測る指標の一つである論文の被引用回数においても、高い伸びを示しているのだ。日本政府関係者は「中国の論文の被引用回数については『中国の研究者同士で引用し合っているんじゃないか』といった噂もささやかれている。ただ、研究レベルの向上が日本にとって脅威になっているのは間違いない」と打ち明ける。その口調には、ノーベル賞受賞者を着実に生み出している余裕はみじんも感じられなかった。

経済成長で「ジャパン・アズ・ナンバーワン」と称された時代が瞬く間に終焉を迎えたのと同様に、日本がノーベル賞争いで東アジアの王座を譲る日が来るのは、それほど遠くないかもしれない。

†初の国外イベント、日本で

一五年三月一日、東京・丸の内の東京国際フォーラムは、世界の名だたる科学者たちを迎え、静かな熱気に包まれていた。

日本人三人を含むノーベル賞受賞者七人に、ノーベル財団副理事長で医学生理学賞の選考委員会事務局長も務めるヨーラン・K・ハンソン教授など、ノーベル賞〝当局〟の重要人物たちの顔もある。スウェーデン国外では初めての開催となる公開シンポジウム「ノーベル・プライズ・ダイアログ」だ。

「東京でこのように大勢の参加者を迎えて開催できることを喜ばしく、光栄に存じます」。冒頭のあいさつに立った主催団体、日本学術振興会の安西祐一郎理事長は、集まった国内外の参加者約八百人を前に、誇らしげに開会を告げた。次いで登壇した、共催者であるノーベル財団のラーシュ・ヘイケンシュテン専務理事は「日本は長年かけて優秀な教育研究制度の上に強靭で活力ある社会を構築した。ノーベル賞にとっても日本は非常に重要な国だ」と挨拶した。

ノーベル・プライズ・ダイアログは一二年から毎年、ノーベル賞授賞式が行われる十二月にスウェーデンで開催されている。ノーベル賞受賞者を含む著名な研究者や有識者が一堂に会し、アカデミックながらも一般市民も交え意見交換する開かれたイベントだ。

東京シンポは「THE GENETIC REVOLUTION AND ITS FUTURE IMPACT」（生命科学が拓く未来）をテーマに、iPS細胞の医療への応用、個別化医療、遺伝子組み換え食品など生命科学に関する最先端の研究成果や社会に与える影響などについて発表が行われた。iPS細胞の開発で一二年に医学生理学賞を受賞した山中伸弥・京都大教授は、講演の中で「最終目標は、医療への活用で患者にiPS細胞を届けることだ」と意欲を表明。青色発光ダイオード（LED）開発で一四年に物理学賞を受けた天野浩・名古屋大教授と、〇二年化学賞の田中耕一・島津製作所シニアフェローも登壇した。

パネリストと会場の参加者の間で議論が交わされる場面もあった。シンポ終了後の夜にはレセプションが開かれ、天皇、皇后両陛下も出席。山中教授、天野教授、若手の研究者らとにこやかに言葉を交わされ、記念すべきイベントは成功裏に幕を閉じた。

†ノーベル財団のしたたかさ

海外では初となる開催地に日本が選ばれたのは、そもそもなぜだったのか。実現に至るまでの水面下では、開催をノーベル賞受賞の足がかりにしたい韓国や、国際都市シンガポールとの誘致合戦が繰り広げられ、スウェーデン側にも隠された思惑があった。

ダイアログを海外で開催する計画は、この二年前の一三年にノーベル財団で持ち上がった。関係者によると、財団は当初、一四年のうちの開催を目指し、日本と韓国、シンガポールを候補地として調整に入った。ただ、千人規模の会場を確保する必要があり、日本はノーベル財団の打診に対し「一五年三月なら可能だが、一四年の年内に間に合わせるのは難しい」と回答。韓国は「一四年末開催」を掲げ、誘致を目指したが、受賞者が一人もいないことがネックになったほか、結局、開催できる態勢が整わず脱落したという。ダイアログ開催をノーベル賞受賞につなげたいとの思いが明らかに透けて見え、スウェーデン側が避けたとの観測もある。一方、スウェーデンの有力科学者との関係をてこに交渉を有利に進めたのがシンガポールだ。いったんは決まりかけたが、シンガポールは一四年十一月に「ノーベル・プライズ・シリーズ」という別のイベントを開催することで落ち着いた。

「三月開催」という不利な条件にもかかわらずダイアログ開催地が日本に決まったのは、二十二人（当時）の受賞者というアジアでは圧倒的な実績が大きな要因になった。ただ、それだけではなかった。外交筋によると、スウェーデン側がダイアログの海外開催を打ち出した背景には、「ノーベル賞」のブランドを武器にした同国企業の国際ビジネス拡大の狙いがあったという。そのため米国での開催も模索したが、米国では「ノーベル賞」のブランド力はそれほど強くない。アジアでは中国が言わずと知れた巨大市場だが、民主主義や人権の尊重といった基本的な価値観でスウェーデンとは相いれないし、そもそも中国は開催に手を挙げていない。世界第三位の経済大国で、基本的な価値観を共有できる日本であれば、ビジネスパートナーを見つけるのに適当と判断したとみられる。

「ノーベル賞」と「ビジネス」。一見、縁遠いように思える両者だが、スウェーデンに詳しい外交筋は興味深い話をしてくれた。一つは、ノーベル賞の賞金の原資となるアルフレド・ノーベルの莫大な遺産の運用についてだ。賞金は遺産の運用益で賄われており、当然、資金運用がうまく行かなければ、賞金は支払えなくなってしまう。ノーベル財団は一二年に賞金額を一千万スウェーデン・クローナから八百万クローナに引き下げている。約十年間、運用が低調だったため、賞金を含む経費を運用益では賄いきれない状況が続いていたからだった。〇八年のリーマン・ショックによる世界的な金融危機も響いたとみられる。その後運用益が回復し一七年に九百万クローナとなった。遺産をいかにうまく運用するかは、賞を存続させていくうえで死活問題なのだ。

遺産の運用を含め、ノーベル賞を運営しているのはストックホルムに本部を置くノーベル財団。理事長は学者のため、実務のトップは専務理事だ。一一年から専務理事を務めるヘイケンシュテンは財務省出身で、スウェーデン中央銀行の総裁も務めた金融界の大物。当然、資金運用には長けているし、経済界にも顔が利く。「財団がいろいろな事業をする上で寄付を得たり、企業にスポンサーになってもらったりするのに、彼の存在は大きい」と外交筋は指摘する。

そして現在、財団の「パトロン的存在」になっているのが、スウェーデンの「GETINGE（ゲティンゲ）」という企業だ。聞き慣れない企業名だが、欧米を中心に世界約四十カ国に約一万六千人の従業員を有し、年間約四千億円を売り上げる国際的な医療機器メーカーだ。今後数年のうちに世界での売上を一・八倍の約七千二百億円にまで増やす目標を掲げている。

日本でのダイアログの協力企業には、スウェーデンの自動車メーカー「VOLVO」、航空機メーカー「SAAB」のほか、やはり世界的な企業である工作機械メーカー「SANDVI

K」、トラックメーカー「SCANIA」が名を連ねた。ゲティンゲは登場していないが、外交筋は「今の財団はゲティンゲにがっちり組み込まれており、もともとアジアでダイアログを開催しようという構想の裏には、アジアでのビジネスを拡大したいという同社の意向が働いていた」と明かす。

スウェーデン側には、もう一つ狙いがあった。ダイアログの海外開催を通じてノーベル賞の権威を維持・強化したいという思いだ。そのため、ノーベル財団側は天皇陛下ら皇室にも参加してほしいとの意向を示していたという。

「今回天皇が出席してくれたら、今後、日本人がまた受賞したときに、授賞式後の晩餐会に皇室から誰か来てくれるんじゃないか、といった期待感があったのだろう。日本の皇室を含めた各国の王室の出席は、ノーベル賞の権威をさらに高めることになるからだ」と外交筋は解説する。

日本側はこの要望に対し、皇太子や他の皇族ではなく天皇、皇后両陛下の出席という最大限の回答で応えた。もっとも、日本側にも「天皇陛下に出席してもらえたら、再び日本がダイアログの開催地に選ばれるのではないか」という思惑があった。天皇、皇后両陛下の出席が実現し、ある関係者は確信を込めて言った。「ダイアログがまたアジアで開催されることになった場合、韓国やシンガポールということにはならない。日本になる」。実際その通り、海外での

第二回ダイアログは一七年二月に再び東京で開かれた。第一回に続き出席したノーベル財団専務理事のヘイケンシュテンは、日本で開催する理由について、記者の取材に「日本には学術振興会という良いパートナーがいる」と、振興会の存在を挙げた。さらに「ノーベル賞本体以外の活動には、ノーベルの遺産以外の資金が必要だ。そのため、私たちは国際的なパートナー企業を持っている」と話し、各国の企業から資金協力を得る目的もにじませた。「海外でのイベントはノーベル賞の知名度を高めるため。今後は、韓国でも別のイベントを開きたい」と、海外展開の拡大に意欲を隠さなかった。

韓国ほどでなくても下心があるのは日本も同じだ。「大学が個別にロビー活動するより、日本に招待してまとめて話をした方が効果的。それに、スウェーデンを訪ねていく人たちはたくさんいるから、『私、去年ストックホルムでお会いしました』というより、『東京でお会いしましたよね』という方が相手の印象にも残っているだろう」。外交筋はそう話す。「ノーベル賞受賞に何より大事」と関係者が口をそろえる「存在感」を高める戦略の一環というわけなのだ。

もっとも、日本でダイアログが開催できた理由は、こうした両国の「思惑」ばかりでもない。学者同士の長年の信頼関係があった。その陰の立役者となった日本人は、一五年三月一日のダイアログ当日、パネル討論で壇上に姿を見せていた。東京大の宮園浩平医学部長だ。宮園氏はノーベル財団のカール＝ヘンリク・ヘルディン理事長と三十年来の親交がある。

宮園がネット上で公表している「スウェーデンと私の研究交流史」によると、四歳年上のヘルディンとの出会いは一九八四年。お互いがんの研究が専門で、国際学会で来日したヘルディンの講演内容に宮園が感動し、「なかば押し掛けのような形で」スウェーデンの名門ウプサラ大に留学した。ヘルディンの研究室に入り、同氏はアパート探しから自転車の手配まで宮園をサポート。すっかり仲良くなった宮園は、九五年まで計三回ウプサラ大に留学し、二人はネイチャー誌に共同で論文を発表するまでに至った。二人の縁がきっかけとなり、宮園に続く形で五十人近い日本人研究者がヘルディンのもとに留学したという。

ヘルディンの推薦で、宮園は九九年にはウプサラ大から名誉博士号を授与された。宮園はヘルディンを「私の研究人生に最も大きな影響を与えた」人物と表現しており、最大限の感謝の念を示している。

この二人の友情が、ダイアログの日本誘致にネックとなった開催時期の遅れをカバーしていた。前述の通り、スウェーデン側は当初、ダイアログの開催を二〇一四年の年末と想定していたが、日本は会場確保の都合で一五年三月でないと不可能だった。だが、それでは遅すぎる。

そこで日本側は一計を案じた。ダイアログに先立つ一四年九月にヘルディンを招き、東大と学術振興会の共催で「ノーベル・ダイアログ・シンポジウム」と題するプレ・イベントを東大で開いたのだ。宮園が大きな貢献を果たしたことは言うまでもない。

宮園が一五年三月のダイアログ本番に招待されたのは、パネル討論への参加だけでなくこうしたことも理由だった。ヘルディンは出席しなかったが、宮園に聞くと「今回は（ノーベル財団副理事長の）ハンソンさんがおいでになるので、自分は失礼しますということでした。プライベートな用事があるとおっしゃっていました」と、にこやかに答えた。信頼関係に裏打ちされた親密なやり取りが窺える口ぶりだった。非欧米国でありながら日本がノーベル賞受賞者を多数生み出している背景には、日本人へのこうした信頼感も隠れた要因としてある。

これまでに、何度か登場した日本学術振興会に触れておこう。振興会は学術研究への助成や研究者の養成、国際交流などを目的に、戦前の三二年に設立された八十年以上の歴史を持つ組織。以前は財団法人や特殊法人の形態を取っていたが、〇三年からは文部科学省所管の独立行政法人になっている。

既に述べたように、文部省は〇一〜〇五年度の第二期科学技術基本計画で物議を醸した。「知の創造と活用により世界に貢献できる国」を目指すとして、①国際的に評価の高い論文の比率増加、②優れた外国人研究者が数多く集まる研究拠点確立、③世界水準の質の高い研究成果を創出し、世界に広く発信——などといった方針とともに、「ノーベル賞を五十年間に三十人程度輩出」との目標をぶち上げたのだ。

「品がない」などの批判が相次ぎ、この「三十人目標」は後に撤回されたが、学術振興会は優れた日本の研究成果について、海外で認知度を高める活動の一翼を引き続き担っている。ノーベル賞のお膝元ストックホルムのほかロンドン、ワシントンなど海外十カ所に連絡センターを展開。特に欧州のセンターは欧米や日本のトップレベルの研究者を招いたシンポジウムやセミナーを開き、相互の交流の機会を増やす活動に従事している。

「露骨な活動は逆効果」（振興会の関係者）と、あからさまなロビー活動はしていないが、「ノーベル賞の推薦状に具体的に日本人研究者の名前を入れてもらうためには、そもそも名前を知っていてもらう必要がある」（同）のだ。ある外交筋は「推薦の権利を持っているのが誰かは明らかにされないが、スウェーデンや英国といった欧州の主要地でセミナー類を開催すれば、その出席者に推薦権を持っている学者が入っている可能性は極めて高い」と、開催目的の一端を明かす。

これは「魚群に向けて投網を投げるようなもの」なのだという。学術振興会などの裏方仕事が、日本人のノーベル賞受賞ラッシュとどの程度関係しているのかを明確に示すデータはないが、環境づくりとしては死活的に重要な役割を果たしているのだ。

†ライバルの隠された友情

二〇一四年五月。春というにはまだ肌寒いスウェーデンのストックホルムを一人の研究者が訪れていた。その人物は、米オハイオ州立大のジェームス・バーソロミュウ名誉教授。日本の科学史を中心に日本文化への造詣が深く、ノーベル賞についての著作もある。物理学賞と化学賞の選考主体である王立科学アカデミーで、過去の日本人候補について調べるのが目的だった。

ノーベル賞の選考過程や候補者は五〇年という長期にわたり、秘密のベールに包まれている。各賞の資料はそれぞれの選考機関が厳重に管理しており、当事者が漏らさない限り、その内容が公に出てくることはまずない。

では、五〇年が経過すれば、その内容は公のものとなるのか。理論的には「イエス」かもしれないが、現実的には「ノー」である。五〇年を経過した資料には一般人の閲覧が認められていないものもあり、実際に資料にアクセスできるまでには幾重にも厚い壁が立ちはだかっているからだ。特に物理学賞や化学賞、医学生理学賞といった自然科学系の賞にその傾向が強い。

物理学賞と化学賞を選ぶ王立科学アカデミーは、五〇年を経過して解禁となった資料の閲覧を、原則として科学史などの研究者にしか認めていない。閲覧を申し込む場合は研究での業績を示す必要があり、許可されるまでには厳格な審査が行われる。研究実績のないジャーナリストが閲覧することは認められていないのだ。

　医学生理学賞の選考機関であるスウェーデンのカロリンスカ研究所も、基本的に同様の規則を定めている。文学賞や平和賞の選考資料についてはメディアに対しても門戸が開かれているのだが、閲覧するにはやはり申請が必要で、それぞれの規則に従う必要がある。

　自然科学賞の選考資料は専門性が高く、十分な知識を身に付けた研究者が扱った方が、より間違いが起きないということなのだろう。しかし、一般の人々が実質的には閲覧できない状態を「資料解禁」と呼んでいいのか、釈然としない気持ちも残る。

　ノーベル賞の公式ウェブサイトには、過去の候補者のデータベースも存在するものの、更新は不定期である上に、そこで公開される情報は限定されている。過去のノーベル賞候補者について調べたいと思い立っても、実際のところ資料の閲覧までには長い道のりがあるのが現実なのだ。

　このような状況の下、ノーベル物理学賞と化学賞については、一九五〇年までの日本人候補者を調べた研究は存在していたものの、それ以降に日本人候補者が存在していたのかどうかに関しては手つかずの状況であった。そこでバーソロミュウは、当時公開されていた六三年までの選考資料を閲覧し、詳細に読み込んだ。

　そこには、これまで知られていなかった日本人候補者の名前とともに、一枚の推薦状が埋もれていた。四九年にノーベル物理学賞を受賞し日本人初のノーベル賞受賞者となった湯川秀樹が、六五年の物理学賞を受け日本人二人目の受賞者となった朝永振一郎を推薦するために書いたものだった。

湯川秀樹と朝永振一郎──。日本の物理学の歴史にそびえ立つ二人の巨人の人生には、実は多くの共通点がある。湯川は一九〇七年生まれ、朝永は一九〇六年生まれと朝永の方が一つ年上だが、二人は京都の旧制第三高等学校と京都大学で同級生として学んだ。京都一中では湯川が一つ下の学年だったが、湯川が飛び級で高校に進学し、同学年となった。朝永は、湯川との関係を「高等学校は同期になったけれども、彼は乙類ではなくて甲類でしたから、クラスは別であまり交際したことなかったんです」と振り返っている。(朝永振一郎著作集2『物理学と私』)

その後京都大学では同じ研究室に所属し、当時成立したばかりだった量子力学の研究にいち早く取り組むなど研究分野も共通していた二人は、互いに意識し刺激し合う関係となった。研究手法が異なっていた二人は共同論文を発表するような間柄ではなく、同じ学問の世界で切磋琢磨し合う「良きライバル」であった。その人柄や研究に対する姿勢は極めて対照的だったという。

両人から指導を受けた経験を持つ中村誠太郎はその著書『湯川秀樹と朝永振一郎』の中で、二人の違いをこのように評している。

「物理学に対するやり方だけでなく、一般的な教養についても、両先生は非常に対照的であった。湯川博士は、東洋的な教養を幼いころのしつけから備えておられた。漢文を読み、荘子、孟子に親しみ、和歌を作られていた。これに対して朝永先生は、もっとくだけていて、落語を好み、寄席にもしばしば出入りしておられた。人柄もくだけていて、我々にも近づきやすかった」

質実剛健で哲学者肌の湯川と、落語を愛しユーモアにあふれた朝永。中村は二人について「しょっちゅう、ご意見が衝突して、仲の良かったときなど見たこともなかった」とも述べている。四九年に湯川が日本人初のノーベル賞受賞者になったことは、敗戦の痛手をひきずっていた日本に大きな希望を与え、日本社会は沸きに沸いた。

強いライバル心を抱いていた朝永の焦りは想像に難くない。中村によれば、湯川の受賞のニュースが流れた際、朝永の指導的立場にあった研究者が「湯川君を採っておけばよかった」と朝永に聞こえるように嫌みを言ったこともあったという。

湯川が朝永を推薦したのは、自身が受賞してから三年後のことだった。五二年一月一七日の日付が入った推薦状には、朝永の量子電気力学での貢献が淡々と列挙されている。推薦状にありがちな華美な修辞や賛辞を使うことのないシンプルな書き方で、バーソロミュウは「湯川の人柄がにじみ出ているようだ」と指摘する。

朝永は当時、後に物理学賞の授賞理由となった「くりこみ理論」も既に完成させており、十分な実績を積んでいた。朝永が初めて物理学賞の候補になったのは五一年。五二年に推薦した湯川は、最初の推薦者ではなかったものの、朝永の業績をいち早く評価し、選考委員にアピールしたことになる。湯川の推薦状ではまた、後に朝永と物理学賞を共同受賞する米国の物理学者、ジュリアン・シュウィンガーも推薦されていた。

湯川の推薦が当時の選考でどれほど真剣に考慮されたのか、あるいは朝永がどれほどの有力候補だったのかという点についてははっきりしない。王立科学アカデミーには、誰が誰をどのような理由で推薦したか、という推薦に関する資料は保存されているが、選考委員の評価や議論の内容に関する詳細はほとんど議事録として残されていないからだ。

湯川は、朝永を推薦した事実を生涯自らの胸にしまい、死ぬまで口にすることはなかった。先にノーベル賞を受賞した自分が朝永を推薦したことを公表するのは「野暮」だと思ったのだろうか。その理由は推測の域をでないが、「良きライバル」として激動の時代を過ごした二人が、秘められた信頼と友情で固く結ばれていたことは間違いないようだ。

王立科学アカデミーの資料によって明らかになったのは、それだけではない。五〇年代から六〇年代前半にかけての日本の物理学研究が、欧米からも高い注目を浴びていたことが明白になったのだ。

この時期に物理学賞の候補になっていたのが判明したのは、朝永に加えて、東大・京大名誉教授の西島和彦と、大阪市立大名誉教授の中野董夫《ただお》だ。ノーベル賞の公式データベースによると、特に朝永は五一年から六四年の間に、九回にわたり候補となっている。受賞した六五年についても当然候補になっているので、計一〇回も候補入りしたことになる。

朝永に特徴的だったのは、湯川と米国の物理学者カール・アンダーソンという二人の物理学賞受賞者をはじめとして、米英やドイツ、日本の研究者から幅広く推薦を受けていたことだ。加えて西島と中野も、海外の研究者によって推薦されていた。

ノーベル賞候補としてノミネートされるためには、選考機関が推薦状を送付する各国の大学教授や過去のノーベル賞受賞者らからの推薦を受けなければならない。推薦状が毎年の受付締め切り日までに到着し、その様式に問題がなければ、原則として受理され、晴れてノーベル賞候補となる。

推薦の様式さえ整っていれば基本的に却下されることはないという意味では、推薦資格を持つ研究者のバックアップさえあれば、候補になるためのハードルはそれほど高くないともいえる。

†誰が推薦したのか

そこで焦点となるのが「誰が誰を推薦したのか」という点だ。戦後の復興期にあり、欧米と比べて研究環境も劣っていた当時の日本において、研究で先頭を走る欧米と伍するのは並大抵のことではなかった。日本人候補が海外の研究者に推薦されていたという事実は、研究が国際的に認知され、評価の裾野が広がっていたことを雄弁に物語る。

そんな中、あらためて思い出されるのは、戦後間もない四九年に日本人として初めてノーベル賞を受賞した湯川の功績の大きさだ。湯川の受賞により、その後の日本の物理研究に世界の目が向いたという側面が当然ある。

一方で、当時の日本が研究の世界で「辺境」扱いだったこともまた事実だ。たとえば、米カリフォルニア工科大教授のロバート・クリスティは、五六年に朝永を含む複数の研究者を推薦していたが、推薦状の中で「研究の先進地から（日本が）遠く離れている」と指摘し、列記した候補の中、日本の朝永の名前を優先度としては最も低い最後に記すなど、日本の地理的要因が日本人研究者の評価の障害になっていたと読み取れるものもあった。

朝永をめぐっては、初めて候補入りしたのが五一年で、実際に物理学賞を受賞したのが六五年。その間、候補になっている年もなっていない年もあるが、じつに十四年もの歳月が流れている。この長さをどのように解釈すればよいのか。バーソロミュウは「業績の評価を確立するまでには時間がかかることが多く、受賞までにそれだけの時間が掛かることは特段珍しいことではない」と話す。

北尾利夫は『知っていそうで知らないノーベル賞の話』の中で、「自然科学三賞の場合、あの研究者ならもういつ受賞しても決しておかしくない、もうそろそろ受賞するのではないか、と内外の多くの専門家からいわれるような有力候補がどの賞にも常に多数滞留している。毎年の選考はそうした中での実に過酷な競争なのである」と述べている。

当時の物理学・化学賞の候補者数は、一年当たりそれぞれ四〇～六〇人ほど。候補となるのが一回限りの研究者も多い中で、朝永の立ち位置はまさに北尾の言う「有力候補」の一人だったのだろう。

一方の湯川も、一九四〇年代に八回にわたって候補入りをしていた。両人とも、国籍もさまざまな推薦人から幅広く評価を受け、まさに受賞するべくして受賞した物理学賞だった。逆に言えば、特に自然科学三賞においては、それだけ候補入りを重ねない限り全体の評価は熟成されず、一～二回の候補入りで「有力候補」を差し置いて受賞するのは極めて困難なことだと推察できる。

ノーベル賞の歴史の中では、電子顕微鏡の開発から五〇年以上も待たされた後、八六年に物理学賞を受賞したドイツの物理学者エルンスト・ルスカや、同じく授賞理由となった発がん性ウイルスの発見から五〇年以上後に医学生理学賞を受けた米国人学者のペイトン・ラウスの例がある。そして、最近でもヒッグス粒子の理論発表から二〇一三年の物理学賞受賞まで約半世紀かかった英科学学者、ピーター・ヒッグスがいる。

一方、化学賞をめぐっては、当時日本への国際的な評価はまだ確立されていなかった。五一年から六三年の資料の中で、ノーベル賞候補となっていたことが新たに分かった日本人研究者は三人。分子構造論の先駆者である東大名誉教授の水島三一郎《さんいちろう》、和漢薬の薬効成分の研究で知られた東大名誉教授の朝比奈泰彦、油脂化学を専門とした名古屋大名誉教授の外山修之《とやまよしゆき》だ。ただ、推薦したのはいずれも日本の研究者であり、世界各地の研究者から推薦されていた物理学賞の候補者とはだいぶ状況が異なっている。

バーソロミュウは「物理学に比べ、化学の分野では国際的な認知が遅れていた」と指摘している。確かに、四九年と六五年に日本人の受賞者が出ている物理学賞に比べ、日本人初の化学賞受賞には八一年の福井謙一まで待たなければならない。日本人研究者の受賞ラッシュに沸く二〇〇〇年以降の状況とは隔世の感があるが、当時の化学研究における日本の立ち位置は、国際的な評価とはほど遠かったのだ。

ノーベル賞の選考機関に、ひっそりと保管されている選考資料。その大半はスウェーデン語で記され、閲覧が可能となるまでにも分厚い壁がある。決して手軽に分析できるわけではないが、ノーベル賞選考の「ウラの顔」を垣間見ることのできる貴重な資料だ。ただ、本当の裏舞台を見られることは嫌なのか、自然科学賞に関しては、選考に関する議事録といえるものはほとんど残されていない。われわれに、いや、一部の研究者だけに許されているのは、推薦の記録など「選考の破片」を調べ集め、永遠に完成しないパズルを組み立てようと、もがき続けることだけである。

コラム 「長年の貢献」は評価されない

二〇一四年の日本人三人が同時受賞したことで注目を浴びた物理学賞の選考を担うスウェーデン王立科学アカデミーに、これまであまり詳細が外からは見えなかった、受賞候補者選考プロセスを聞いた。分かったことは、選考プロセスが驚くほど〝民主的〟だという事実だった。話を聞けば聞くほど、巷間言われるように「スウェーデンの科学者が密室ですべてを決めていく」というイメージとはかけ離れたものであった。

インタビューに答えてくれたのは、同アカデミーの物理委員会のペール・デルシング委員。デルシングによれば、アカデミーは世界中の主要大学のリストを持っており、選考期間が始まる前に、大学に対して物理学の教授リストを提供してくれるように依頼する。教授名リストが返ってくると、今度は各教授に対してノーベル賞にふさわしい研究者の名前を挙げるよう要請文を送る。要請文の送付先は、数百人に上るという。面白いことにここでも、ノーベル賞獲得に熱心で、リストをきちんと送って来る大学と、反応のない大学とそれぞれのカラーがあるという。特定の地域や大学からの推薦が続かないように、アカデミーは要請文を送る大学を定期的に変えている。「大学ランキングはまったく関係ない」という。

各教授側が推薦をする場合、アカデミーが指定した用紙に記入して提出、推薦対象は三人までで、推薦者はその推薦理由を記入するのが決まりだ。アカデミーはその後、集まった推薦状の中身を検討し、いくつかの候補分野を絞り込む。デルシングは、二〇一四年受賞のＬＥＤ発明を例に分かりやすく説明を続けてくれた。

「今年の授賞対象としてＬＥＤが有力分野に決まると、アカデミーは、その分野の専門家に調査を依頼するのです。誰がＬＥＤ研究で優れた発見をしていたか、誰と誰がどのような研究でつながっているのかなどということが、調査で分かるので、それに基づいてアカデミーはさらに討議を重ねることになります」。ノーベルの理想を受け継ぐ熱意に燃えるアカデミーでも、森羅万象を扱う科学研究のすべてを知ることは不可能だ。だから、公募を呼びかけ、対象を絞り込み、さらに専門的な考察と議論を重ねることで毎年、間違いのないノーベル賞受賞者を生み出す仕組みが維持されている。

デルシングによれば、最初に推薦を呼びかける対象は数百人、その後、専門的な調査報告の提出を求めるのは数十人に上るという。推薦状が同等に扱われるかというとそうではない。公平性と厳密性を旨とするアカデミーだけあって「内輪の推薦は明確に価値が低い」とデルシングは断言した。「同国人の研究者に対する推薦より、例えば中国の研究者をドイツの大学教授が推薦する方が、アカデミーの評価は高い」のだという。

科学ジャーナリストの馬場錬成《れんせい》著『ノーベル賞の100年』によれば、戦前の一九三五年、医学生理学賞の推薦過程で、東大医学部と慶應大医学部がそれぞれの教授を大量推薦するという出来事があった。東大グループは二十人が同大教授の呉建《くれけん》を推薦、慶應大学グループは同大教授の加藤元一《げんいち》を推薦した。馬場は「おそらく、双方の推薦動向を知った両大学が、ライバルに負けじと推薦したのではないか」と指摘しているが、デルシングの言う内輪の推薦は価値が低いというのは、当時も現在と同じだったであろう。日本を代表する両大学による、珍妙な推薦合戦はその当時のアカデミー関係者を苦笑させたに違いない。

ところで推薦対象者はアルフレド・ノーベルの遺言に忠実に、「発明」か「発見」の成功者に限られており、誤解されがちな「生涯にわたる科学への貢献」と功績は選考対象とならない。例えは悪いが、まぐれ当たりでもそれが人類の科学に貢献するものであれば問題はない。ノーベル賞に値する業績をもたらすような偶然は、凡人の及ばない知識に基づいた数多の実験の繰り返しがもたらすのは論を俟たないだろうが、一発屋でもノーベル賞はノーベル賞なのだ。

デルシングのインタビューでは、まさにこうした観点からも、興味深い実態が浮かんだ。それは、受賞者の人物像や人格は問われないということだ。この点でデルシングが繰り返し強調したことがある。「年齢や政治、地域は一切考慮の対象ではない。明らかに犯罪者であるといった情報でもないかぎり、アカデミーが考慮に入れるのは研究内容と成果だけです」

これに関して記者は、日本の受賞者が研究成果をめぐってかつての所属会社と法廷で長い争いとなったことをアカデミーは知っているか否かを聞いた。

デルシングは、豊かなほほを少し緊張させながら、記者の目をまっすぐに見返した。

「そのことについて、アカデミーは明確に認識している。おそらくほとんどの人々より詳しく知っている。しかしアカデミーは法的な争いの部分は関知しない。科学に関してのみ検討するのです。候補者が刑法犯である場合は少し別だが」

彼の目は〝君が誰のことを聞いているのか分かる〟と告げていた。候補者が社会的に問題視されるような場合でも、アカデミーは研究だけを見詰めるのだ。

デルシングの発言は、アカデミーの微妙な立ち位置を示唆している。

科学分野の功績だけが検討対象だとしながら、実際には授賞対象者がどのような裁判に巻き込まれているかを、ちゃんと調べ上げていたのだ。発明の経緯にかかわる事実を知るためにも必要だったのだろう。なかなかしたたかなやり方である。

†創造性と環境、資質

どの分野かにかかわらずノーベル賞を生み出すのは、創造性とそれを結実させるための努力だ。土台となる創造性については、既に紹介したノーベル博物館の研究員、トビアス・ディクセルが面白いエピソードを聞かせてくれた。

ディクセルによると、過去最も多くのノーベル賞受賞者を輩出したのは英国のケンブリッジ大だ。彼は、その秘密を探るためにケンブリッジを訪問した時のことを紹介してくれた。

大学のとある教授は、ケンブリッジ大の歴史の長さを原因に挙げた。十三世紀創立の同大は約八百年の歴史を誇る。しかし、歴史の長さで言えば、ケンブリッジが最古の教育機関ではない。ディクセルがさらにケンブリッジの秘密を探り、見つけ出したのが、「ハイテーブル・ディナー」とよばれる研究者や学生らによる伝統の夕食会だったという。

このディナーは頻繁に開かれ、自然科学、社会科学など分野に関係なく席順が決まる。ケンブリッジに属する物理、化学、経済、文学そして芸術に秀でた頭脳が一堂に会し、食事を共にする。その会話で実に様々な知識や発想が交換される。この知的交流の余裕と試み、そして刺激がケンブリッジの「遊び心」で、世界最多のノーベル賞を生み出す原動力になっていると、ディクセルは考えている。

「研究者を蛸壺から引っ張り出し、かき混ぜれば創造性は爆発的に発揮される。ただし、それは優れた頭脳があることが前提だ。その意味でケンブリッジが最高の場所となる」

ノーベル賞受賞者らの話を多く聞いて気づくことがある。

受賞者らは優れた科学者になるにはどんな資質が必要かを様々な場で口にする。多くは「粘り強さ」や「洞察力」、そして「運の強さ」もしばしば挙げる。当然、本質的な知的能力の高さも加わる。しかし、受賞者自身もあまり気づかないためか、ほとんど耳にしない隠された資質が一つある。それは「楽観主義」だ。

優れた科学者の多くは、どんな困難が目の前にあっても、「いつかは克服できる対象」と心の底から楽天的に信じている。長期間にわたる困難の中で研究心を燃やし続けられるエネルギーの源は楽観主義にある。常人なら屈してしまう困難を、気が遠くなるほどの地道な作業と時間を掛けて克服するという意味で、ほかの分野の受賞者にも共通する資質だ。

二〇一五年に東京で開催されたノーベル・プライズ・ダイアログでのパネルディスカッションでも象徴的な一コマがあった。遺伝子治療の将来性に関して、ノーベル賞受賞者らが壇上で意見を交わした際、パネリストの一人が、遺伝子治療によって人間の寿命が百四十歳を超える可能性すら出ている半面、高齢化が急速に進み、若者が多数の高齢者を支える社会構造が現れる問題を指摘した。

それに対して英国のがん研究所のティム・ハント（二〇〇一年医学生理学賞）がすかさず切り返した。

「ロボットが労働力不足の問題を解決してくれるのではないか。知的で優しいロボットが」。別のパネリストからは高齢者が増えるなら、高齢者の労働生産性を高めれば良いといった指摘も続いた。ノーベル賞を取る研究に携わる人々の会話に耳を傾けると決まって飛び出す論理だ。彼らは諦めない。困難な問題や課題は次なる努力への動機付けと発展へのきっかけにすぎないと力強く信じているのだ。

第三章

平和賞
――政治への影響とあやふやな理想

ノーベル平和賞授賞式で授与されたメダルを持つパキスタンのマララ・ユスフザイ。
史上最年少の受賞者となった（写真提供：共同通信社）

†五十年の孤独、情報を求めて

なぜマララじゃないのか？　記者は混乱する頭で、冬の気配を含み始めた冷たい空を見上げた。

ノーベル平和賞受賞者が発表された二〇一三年十月十一日の午後、オスロ中心部に近いノーベル研究所の記者会見場。記者はその年の授与対象を、化学兵器禁止機関（ＯＰＣＷ）と発表したノーベル賞委員会のトルビョルン・ヤーグラン委員長へのインタビュー時間を待ち続けていた。

発表の前日まで世界中がパキスタンの教育問題、人権活動家である十六歳の少女、マララ・ユスフザイへの平和賞授与を疑っていなかった。

予想は大外れであった。委員会の出した答えは、オランダのハーグに本拠地を置き、シリアでの化学兵器廃棄活動で注目されていたＯＰＣＷであった。ノーベル賞ウォッチャーから〝変わり者〟の評を受けるヤーグランが真骨頂を発揮した選択に、世界は驚き、困惑した。多くのメディアは「マララ受賞を逃す」と評した。

待つこと約一時間。インタビュー室で記者を迎えたヤーグランは、授賞理由について「シリア内戦停止に向け、ノーベル賞委員会が貢献するには、（平和賞授与以外の）他の方法はない」

と明快に答え、「この平和賞がシリアの内戦停止の第一歩になってほしい」と願いを語った。

確かにシリア情勢は加速度的に泥沼化の道を突き進んでいた。二〇一一年三月に本格化した反体制派運動を発端とする内戦は、死者が推計で十二万人に近づき、一三年八月二十一日についに首都ダマスカス近郊グータなど数カ所を政府側部隊が攻撃、住民ら約一四〇〇人が毒ガス中毒の症状などを見せて死亡する惨事が起きた。九月に国連がまとめた調査報告は、神経ガスのサリンが使用されたと断定していた。

サリンは日本で一九九五年の地下鉄サリン事件で使用された物質で、極めて致死性が高い。シリアでの被害者からは、サリンが属する有機リン系物質の中毒症状が確認され、血液や尿からもサリンが検出された。第一次世界大戦で使用されて以来、人類が何とか封印してきた亡霊、毒ガスが、よりによって世界の火薬庫と異名をとる中東の戦場で復活したのだ。この問題解決のために危険な現場で活動に従事していたOPCWに対し平和賞を授与するという、ノーベル賞委員会の決定は時宜を得たものであった。

その点はだれも反論できないだろう。だが、マララはどうなるのか。どうしても聞いておきたい。

記者はマララ受賞の可能性について直球の質問を投げた。ノーベル賞関係者が、選考内容について明かすことはない。それは十分に承知の上での試みだった。

ところが、ヤーグランの答えは率直であった。「マララ・ユスフザイさんは来年、将来も候補になりうる」。さらに続けた。「平和賞授与により、マララ・ユスフザイの身の危険が増すという心配はさほどしておらず、それはあまり検討課題にはならなかった」

さりげない言い方だったが、ノーベル賞の〝鉄の掟〟を知る記者にとっては、めまいを覚えるほどの内容だった。自分の心臓の音を聞いたような錯覚すら覚えた。平和賞に限らず、ノーベル賞選考関係者が選考の方向性を具体的に示すこと自体がゼロに近い。候補入りしたか否かにも、頑として固く口をつぐむ選考関係者らの固い壁を目の前にして立ち尽くすことが往々にしてある。選考プロセスで委員らがどのような議論をしたかも最低五十年間は公開しないのが、ノーベル財団の方針。選考情報は半世紀の孤独を耐えるのが習わしだ。

ところが、この日のヤーグランは記者の質問に、やすやすとマララが候補入りしたことを認めたのだ。それに加えて、平和賞授与による安全問題が考慮の一端にあったことまで踏み込んだ。委員会のトップが、明確にマララが候補に入り授与を前向きに検討した事実にまで言及した意義は大きい。記者はマララが極めて近い将来に平和賞を受けることを確信した。

†銃弾が生んだヒロイン

予想が現実となったのは、周知の事実だ。ちょうど一年後の十四年十月十日、ヤーグランはマララへの平和賞授与を高らかに発表、児童労働根絶に取り組むインドの活動家男性、カイラシュ・サトヤルティとの同時受賞だった。パキスタンとインド両国民への同時授与は、委員会の優れたバランス感覚の発揮でもあり、関係改善の糸口が見出せず、カシミール問題などをめぐって核戦争の可能性すら排除できないインド・パキスタン両国に平和の対話を呼びかけた格好だった。

マララ・ユスフザイは一九九七年、パキスタンの北西部スワトで、教育問題活動家であり学校経営者のジアウディン・ユスフザイの長女として生まれた。スワトは山に囲まれた渓谷にあり、マララは自著『私はマララ――教育のために立ち上がり、タリバンに撃たれた少女』（クリスティーナ・ラム共著、金原瑞人・西田佳子訳）で「最も甘いイチジクが育つ場所」と、その風光明媚な故郷を振り返っている。

スワト渓谷は、〇七年ごろから、イスラム武装勢力「パキスタンのタリバン運動（TTP）」の支配下に入り、女子教育はイスラムの教えに反すると主張するTTPの影響でマララが通っていた父の学校が閉鎖された。こうした女子教育に対する抑圧について、マララは英BBCウルドゥー語放送のブログで告発を始める。これがTTPの目に留まり、暗殺の標的となってしまう。

一二年一〇月九日、同級生らと下校途中のバスに乗っていたマララを襲ったのは、覆面の若い男だった。通学バスに乗り込んで来た男は「マララは誰だ」と女子生徒らを問い詰め、女子生徒らの反応からマララを割り出すと、黒いコルト四五口径をマララの頭に向け、躊躇なく引き金を引いた。銃弾はマララの頭部から肩へ抜け、首の近くで止まった。

女子の教育権利を求め立ち上がった十五歳の少女が頭を撃たれるというテロ事件は世界中に衝撃を与えた。二〇〇一年に隣国アフガニスタンで起きた戦争のあおりを受けたテロの頻発に苦しんできたパキスタン国内はもとより、欧米やアジア各国、国連から非難の大合唱となった。

この強い同情と支援を受けて、瀕死のマララはイスラマバードの軍病院で緊急手術を受けた後、英国政府とアラブ首長国連合（UAE）の計らいで、英中部のバーミンガムに移送された。マララは医療チームによる懸命のケアで奇跡的に回復、事件から約三カ月後の一月初めには退院を果たす。

そして一三年三月二十日には、バーミンガムの女子高に通学を始めた。念願の自由な教育を享受するマララを世界は祝福し、マララが、〝普通の高校生〟として生きていくと予想した。頭部を撃ちぬかれ、その事件の巻き添えで、旧友たちも重症を負った十七歳が求めることは、平凡な人生の享受のはずだった。マララも例外ではないと世界の誰もが思った。

しかしマララは、その期待を良い意味で裏切る。女子高への通学開始後間もない時期にビデオメッセージを発表し、「皆さんの祈りの力で日々回復している。新しい人生を授けられた」

と世界に呼び掛けたのだ。

注目が高まる中、七月には国連に招かれ、「世界には、平和と教育の、平等のために声を上げた何百人という活動家がいる。テロの被害を受けた人々は、何百万人とおり、数千人が死亡した。私はそうした人々の一人にすぎない。タリバンは銃弾が私たちを沈黙させられると考えた。しかし、彼らは失敗したのです」と演説した。そして、テロと戦うためには「教育が唯一の解決策。ペンと本を手に取ろう。それが最強の武器です」と訴えた。一年足らず前に、頭部を撃ち抜かれた少女の堂々たる演説が世界を揺さぶった。

米CNNテレビを中心に、欧米メディアは競い合ってマララ・ストーリーを放映した。十月の平和賞発表を念頭に、世界中にマララ・ブームが起こり、平和賞受賞へのキャンペーンが自然発生した形で広がった上、国際人権団体、アムネスティ・インターナショナルやハーバード大学、欧州議会といった世界の名だたる組織が競うように、マララに人権賞や人道賞を授与、ノーベル賞は確定したかに見えた。マララは、駄目押しのようにノーベル賞発表の三日前に自伝『私はマララ』を出版した。

†平和の寵児

女子の教育権利の拡充を訴えた少女がイスラム過激派の襲撃を受け、意識不明の死の淵から生還する――。そのストーリーだけでも世界を驚嘆させるに十分だったかもしれないが、マララを史上最年少の平和賞受賞者に押し上げた陰には、およそ十代とは思えぬ卓越した情報発信力がある。

二〇一四年十月十日、英国時間午後四時半。マララが家族とともに暮らす英中部バーミンガムには、受賞決定後のマララの「第一声」を聞こうと、世界各国から百人を超える報道陣が駆けつけていた。

世界の注目を集めるスピーチの会場となったのは、市中心部にあるバーミンガム図書館の一室だ。父親のジアウディン氏も見守る中、緑を基調とした鮮やかな民族衣装をまとってマララが登場すると、会場からは祝福の大きな拍手が湧き起こる。一斉にフラッシュがたかれる中、いくぶん緊張した面持ちながらも、堂々とした佇まいを見せるマララ。会場を見渡すと、身ぶり手ぶりを交えながらゆっくりと話し始めた。「ノーベル賞受賞者に選ばれて光栄です。この尊い賞、ノーベル平和賞を名誉に思います。最初のパキスタン人、最初の若い女性、最初の若者として受賞者となることを誇りに思います……」

さかのぼること、約六時間半。ノルウェーの首都オスロでマララの平和賞受賞が発表されたのは、英国時間の午前十時のことだ。マララはちょうどその時、自らが通うバーミンガムの女子高校で化学の授業を受けていた。その内容は、陽極と陰極の電気分解。平和賞候補の筆頭としてさまざまなメディアで取り上げられていたマララは、授業を受けながら、平和賞の結果発表は気にならなかったのか。

自分が受賞者に決まったと初めて知った時の状況を、マララはスピーチの中でこう振り返っている。

「受賞を知った時間は十時十五分だったと思います。ノーベル平和賞の発表はもう終わっている時間でした。まさか自分が受賞するとは思っていませんでした。十時十五分になったとき、受賞できなかったと確信していました。すると突然、先生の一人が教室に入ってきて私を呼び、『大切なお話があります』と言うのです。彼女から『おめでとう。ノーベル平和賞に決まったわ。子どもの権利のために働いている偉大な人と一緒にね』と言われ、本当に驚きました」

女子教育の権利を訴え続けているマララが受賞者に決まったのは、まさに自身が教育を受けている最中のことだった。それも、史上最年少での受賞というおまけ付きだ。

ノーベル賞の「普通」の受賞者であれば、メディアを通じてすぐにでも喜びのメッセージを世界に伝えていたかもしれない。あるいは、受賞発表の日は学校を休み、自宅で待機しながら家族と選考結果を待っていたかもしれない。

しかし、マララが取った行動はそのいずれでもなかった。十七歳の普通の女の子として、その日の授業を続けたのだ。

「ノーベル平和賞受賞が分かったとき、学校を早退しないと決めました。むしろ、授業を終えようと。物理の授業に行き、学びました。英語の授業に行きました。全くいつも通りの一日でした」

マララが触れている通り、平和賞が発表された後も、本人が通うバーミンガムのエッジバストン女子高校の周囲は極めて静かだった。校舎には関係者以外立ち入ることはできず、内部の様子を詳しく知ることはできなかったが、予想に反して地元の人々が集まることもなく、歓迎行事が行われることもなく、ごく普通の日常が営まれていた。普通の学生としての生活を優先したいと常々語っていたマララの意向を、学校も周辺自治体も尊重し、そのくせ息を呑んでマララの言動を見守っている。そんな雰囲気であった。

地元の人々が受賞を喜んでいなかったわけではもちろんない。マララが生活するバーミンガムは、英国でも有数の南アジア系コミュニティーを抱える。受賞が決まったことを受けて話を聞いた住民からは「同じパキスタン人として誇りに思う」（パキスタンから移住した雑貨店店主）といった、おおむね好意的な反応が返ってきた。パキスタンで襲撃を受けた後に搬送され、マララの「第二の故郷」となったバーミンガムの人々は、マララを温かく受け入れていた。

マララがあくまで「学生としての普通の一日」を優先させたことで、受賞後の「第一声」のスピーチが設定されたのは、授業終了後の午後四時半。スピーチ内容は、十七歳の少女とは思えぬ配慮に満ちていた。家族や学校への感謝に加え、共同受賞者であるインドの人権活動家サトヤルティと連携して活動していく方針も表明する。圧巻だったのは、この受賞決定後の第一声で、早速、和平仲介活動に着手したことだった。

マララは、カシミール問題などをめぐって緊張関係にあるインドとパキスタン両国の首相に対して、大胆にも十二月の平和賞授賞式への出席を呼び掛けた。両国から平和賞受賞者が同時に誕生したこの機会を利用した、政治家もびっくりの提案だった。会見場がざわつくのがわかった。

ノーベル賞委員会が平和賞の授賞理由としたのは、マララが「少女らが教育を受ける権利の代弁者」であり、たとえ子どもや若者であっても、自らの力で状況を改善できる力があると示したことを評価したからだ。さらに、ノーベル賞委員会に呼応するかのように、平和賞が自分だけでなく「声なき全ての子どもたちのためのもの」だとして世界中に語りかけた。「世界の子どもたちよ、権利のために立ち上がれ」と。

配慮が示されていたのはスピーチの内容だけではない。一人でも多くの聴衆に直接語りかけるため、英語とパキスタンの国語であるウルドゥー語、アフガニスタンの公用語であるパシュトゥー語の三つの言語で同じ内容のスピーチを行うという徹底ぶりだった。

あまりにドラマチックな展開、完璧なノーベル平和賞の受賞者。しかし、ここで少し意地の悪い疑問が各国の取材記者たちの頭に浮かんでいた。

「ずっと学校の授業を受けていたマララが、どうやってこれだけの原稿を用意できたのか」と彼らはうわさした。

前述の通り、当日の午前十時十五分ごろに平和賞受賞を知ったマララは、学生としての通常の一日を送ることを選んだ。本人が言及しているように、物理や英語の授業を受け、学校を終えた後ではじめて、メディア対応のために学校を後にしたはずだ。

平和賞候補として最右翼とされていたマララだけに、自らが受賞した場合に備えてある程度は事前に演説の構想を練っていたのかもしれない。しかし、授業の合間にこれだけの原稿を用意するのは、普通の人間ではまず不可能な作業だ。もちろん、受賞を受けた演説でスピーチライターを使ってはいけないとの規則があるわけではないし、この時に使ったとの確証もない。ただこの時、マララをめぐり世間が抱いている「無垢で素朴」というイメージとは異なる、ある程度演出された「平和の使徒」であるとの印象を持ったこともまた事実である。

過去にノーベル平和賞を受賞した人物の大多数と同様、マララにもまた、一部でうわさされる「影」の部分や陰謀論が存在する。

その一つが、マララの名前が広く知られるきっかけとなったブログだ。女子教育はイスラム教の教えに反し、「パキスタンのタリバン運動（TTP）」は当時マララが通っていた学校を閉鎖した。マララはこれに反発する形で、英BBC放送のウルドゥー語のブログでペンネームでの告発を始めたわけだが、学校経営者でもあった父ジアウディンが実はこの内容に深く関与していたのではないかとの噂は、地元では早い段階からささやかれていた。つまり「父親の操り人形」なのではないかという見方だ。

さらにマララの主張はあまりにも欧米的な価値観が強調されており、「欧米の操り人形」なのではないかという批判もある。マララを初期の段階で見いだしたのはBBC放送や米紙ニューヨーク・タイムズなど欧米の大手メディアだったこともあり、マララが「実はパキスタンの評判を落とすために活動している米中央情報局（CIA）の工作員なのではないか」という陰謀論すら存在するのだ。フェイスブックには「CIA工作員であるマララをわれわれは憎む」と題されたページも作られているほどだ。

こうした事情を反映し、マララの平和賞受賞が決まった際、国際社会のムードとは対照的に、出身国であるパキスタンの人々の反応は必ずしも祝福一色ではなかった。ソーシャルメディア上には、祝福のメッセージに匹敵するほどの否定的なコメントが掲示された。BBCは、マララを声高に批判する地元記者の声を伝えている。「マララへの平和賞授賞は政治的な判断であり、陰謀だ。彼女には特別なところなんて何もない。彼女はただ、『西欧が買う』ものを売っているだけの存在なんだ」

受賞発表のその日、マララの故郷スワトも静まりかえり、祝福の雰囲気とはほど遠いものがあった。学校の同級生らも、マララの名前を出すことを明らかにためらっていた。たとえマララと同じ考えを持っていたとしても、マララ支持を公言することはイスラム過激派の標的になる危険性をはらんでいる。純粋にマララを応援できる立場にあった英国のパキスタン移民とは対照的に、故郷パキスタンの人々が直面しているのは、マララの平和賞受賞によって簡単に変わることなどない厳しい現実であり、生命の危機だった。

その心情を理解するには、強大な敵対相手インドと、常に諸大国の利害が利権を争ってきたアフガニスタンに挟まれて振り回されてきたパキスタンという国の立場を知る必要があるだろう。マララへの平和賞は、パキスタンという複雑な国家への理解と関与も世界に求めていることになる。

「欧米の歓心を買うばかりで、故郷のために何もしていない」といったパキスタンでの冷ややかな受け止め方は、ノーベル賞という存在が絶対の普遍的価値を持つものではなく、欧米的な価値観の押し付けと感じる人々も世界には少なくないことを浮き彫りにしている。

†平和賞受賞者の課題

マララについて人工的なイメージを作り出している一因は、そのメディア対応にもある。世界各国から取材申し込みが殺到する注目人物だけに、その報道対応は国際的なネットワークを持つPR会社が担っている。だが、マララが「学業優先」の方針を繰り返し表明しているため、記者会見や国際イベントなど公の取材機会を別にすると、個別にインタビューに応じる機会はほとんどない。

仮に応じる場合は、大抵の場合、BBCやCNNなどグローバルな影響力を持つ欧米メディアの代表格に限られており、マララ側がメディア露出による効果を慎重に判断している様子が窺える。こうした面も、マララの「欧米主導の演出されたヒロイン」のイメージを強くする一因でもある。

瀕死の重傷から回復し、女子教育の権利のための活動をあきらめなかった時点でマララは既に、ノーベル平和賞の候補として取りざたされ始めていた。実際に受賞者となるまで、マララ本人だけではなく、家族やPR会社、メディアを交えた「マララ神話」は慎重に、そして巧妙に作り上げられてきたとも言えるだろう。

受賞者の私生活に至るまで徹底的にリサーチすると言われるノーベル賞委員会が、そのことに気がつかなかったはずはない。むしろ、委員会は確信犯的に平和賞を授与することで、その神話を強化する方向に動いた。マララが受賞を知った後、普通の学生としての一日を過ごすことを選んだのは、自らの神話を守るためにはそうせざるを得なかったからではないのか、という気さえしてくる。かくして、「マララ」の名前は世界中の子どもから大人までに浸透した「平和活動の一大ブランド」に成長した。

ノーベル賞六部門を通じて史上最年少の受賞となったマララは、オスロでの受賞演説で高らかに宣言した。

「子どもたちに世界中で立ち上がるよう求めます。空っぽの教室、失われた子ども時代、生かされなかった可能性。これらを私たちでもう終わりにしましょう」。そして自分の頭に一生消えない傷を残したテロ組織に対し宣言した。「テロリストの思想や銃弾は勝てませんでした。私たちの声は大きくなるばかりです」。赤いスカーフ姿で登壇したマララは、サトヤルティと記念のメダルを高く掲げ、会場の拍手は長く、長く続いた。

十七歳で神話となった少女の力は今後どう使われていくのだろうか。

マララは将来の夢について「母国パキスタンの首相になること」だと語っている。影響を受けた人物の名前として繰り返し挙げているのが、パキスタン初の女性首相となり、二〇〇七年に暗殺されたベナジル・ブットだ。国外で亡命生活を送った後にパキスタンに帰国し首相となったブットに、自身を重ねるところもあるのだろうか。

ただ、受賞決定時に故郷スワトが複雑な反応であったことで分かるように、パキスタン全体がマララやその理想を、もろ手を挙げて歓迎しているわけではない。「パキスタンのタリバン運動（TTP）」はマララ襲撃を警告しており、帰国すれば常に命の危険にさらされるのは確実だ。ブット同様に暗殺される可能性は排除できない。パキスタン当局者は、治安は改善傾向にあり、いつでもマララの帰国を歓迎するとの見方を示しているが、実際の帰国がいつ実現するかの見通しは立っていない。

マララが呼び掛けたインド・パキスタン両国首相の平和賞授賞式への出席も結局、実現には至らなかった。マララが取り組む女子教育をめぐる世界の現実は厳しい。ナイジェリアではイスラム過激派ボコ・ハラムが多数の女子生徒を拉致し、中東の過激派組織「イスラム国」は支配地域でイスラム教の戒律を厳格に適用。異教徒の女性を売買したり奴隷として扱ったりする事例が次々と明るみに出た。マララの母国パキスタンや、隣国アフガニスタンでも、女性を厳しく抑圧する保守的な文化が根強く残るのが実情だ。

史上最年少の平和賞受賞者を待ち受ける現実は過酷だ。「学校に通うこと」が夢だった一人の少女の思いが、世界各地で子どもたちが直面する状況を変えるまでには、解決しなければならない課題は山積している。

マララが演説の中で自ら宣言したように、ノーベル平和賞受賞は彼女が授かった使命の「終わりではなく、始まり」にすぎない。

†オバマは失敗授賞か

ノーベル平和賞の神話が終焉する日が来るとすれば、その始まりとして後世に記憶されるのはひょっとして、この人かもしれない。バラク・オバマ前米大統領だ。大統領就任時に高まった国際社会からの期待を裏切り、すっかり影が薄くなってしまった。

「何千発もの核兵器の存在は、冷戦が残した最も危険な遺産だ」「米国は核兵器を使用したことがある唯一の核保有国として、行動する道義的責任がある」。二〇〇九年四月、プラハ城の前のフラッチャニ広場で演説したオバマは、「核兵器のない世界」を実現するため自ら先頭に立つと宣言した。広場の群衆だけでなく、世界中の人々が平和な地球実現へ向けた〝救世主〟の到来と受け止め、熱狂した。

力強く確信に満ちた語り口は、平和賞の選考を担うノルウェーのノーベル賞委員会を動かす。オバマへの授与決定が発表されたのは、その半年後で、米国初の黒人大統領に就任して約九カ月であった。他国の国家元首でも、ソ連大統領だったミハイル・ゴルバチョフ（一九九〇年）や韓国の金大中《キムデジュン》大統領（二〇〇〇年）らが在任中に平和賞を受けているが、就任からこれほどの短期間で授賞が決まった例はない。

委員会は授賞理由として、①「核兵器のない世界」構想、②国連を重視し多国間外交を推進、

③国際紛争で対話による解決を優先、④気候変動問題での建設的役割、⑤民主主義や人権を擁護――を列挙し、「オバマほど世界の注目を集め、世界の人々により良い将来への希望を与えた人はほとんどいない」とまで持ち上げた。「オバマが世界をリードするスポークスマンとして行っている国際的政策や姿勢を、ノーベル賞委員会はこの百八年間、まさに追求してきた」とも表明した。

平和を希求しノーベル賞を遺言で創設したアルフレド・ノーベルの夢が、一世紀の時を経て結実したと宣言するかのような、オバマ礼賛であった。

一方、オバマにとって、受賞は文字通り〝寝耳に水〟だった。委員会は授賞者発表の一時間から十五分前には本人に電話し、通知するのが慣例だが、発表時間は米東部時間で午前五時に当たる。ヤーグラン委員長は「大統領を未明に起こすべきではない」と判断し、事前連絡を控えた。この事実一つをとっても、オバマが特別の扱いを受けていたことが分かる。ノーベル賞委員会は救世主に対する三顧の礼を取ったのだ。

十月九日、起床したオバマは一報に驚いた。部屋に入ってきた長女マリアから「パパ、ノーベル平和賞受賞よ。それと今日は（愛犬の）ボーの誕生日」と教えられたという。「私自身の業績への評価とは受けとめていない。むしろ、米国の指導力を熱望する世界中の人々の気持ちを確認したものだ」。同日朝、ホワイトハウスのローズガーデンに詰め掛けた記者団を前に、受賞決定について声明を読み上げたオバマは、自分は受賞に値しないと強調した。笑顔は見えず、表情は硬い。あれほどまでに当惑しているように見える受賞決定者は、過去にいただろうか。

受賞決定の波紋は、オバマの心の中に留まらなかった。受賞によってオバマ外交が縛られてしまうと懸念した側近らは、ノルウェー政府に抗議していた。平和賞は常に政治的価値判断が伴うため、授与されなかった勢力が眉をひそめることはあっても、賞を受けた方がこれほどの拒否反応を示すのは前代未聞の出来事だった。ノルウェーの国連大使だったモルテン・ヴェットランが後に、地元メディアに明らかにしたところによると、米国のエマニュエル大統領首席補佐官は、ノルウェーの駐米大使に対し、「(オバマに)こびへつらっている」と外交辞令に例を見ない辛辣な言葉を投げつけた。

まっとうな受賞だったか否かをめぐる議論は続くだろうが、最も迷惑な授与として後世に語り継がれるであろうことには疑いの余地がないオバマへの平和賞授与。こうしたギクシャクした雰囲気の原因は皮肉なことに〝平和と戦争〟そのものにある。

米国の大統領は常に右手には平和と繁栄、左手には戦争を載せている。超大国の行政を司りながら、人類最強の軍隊、米軍の最高司令官でもあるからだ。オバマは当時、イラク戦争のほか、アフガニスタンでの国際テロ組織アルカイダの掃討作戦で、合わせて約二十万人の兵力を指揮していた。核兵器の廃絶を「目指す」と明言しながらも、国益を守るためには、核ミサイルの発射ボタンを押す覚悟を持たざるを得ないのが米大統領に課された職責だ。「戦時の大統領」の立場は、平和賞の理念と矛盾しかねないものであった。内外の諸問題に取り組むため本格稼働に向けエンジン回転を上げつつあったオバマ政権にとって、平和賞は〝重荷〟ですらあった。

当然ながら、オバマ受賞には、米国内でも批判が噴出した。政敵・共和党の全国委員会は「『一体、大統領が何を成し遂げたのか』というのが米国民の疑問だ」とする声明を出し、イメージだけで業績が伴っていないと批判した。リベラル嫌いの過激な発言で知られる保守派論客のラッシュ・リンボーは、ノーベル賞委員会が「自らに自爆テロを仕掛けてしまった」と皮肉り、賞の権威が下がったと主張した。「政治的」「期待先行」「時期尚早」――。ノーベル賞委員会はオバマへの授賞をめぐり、世界のマスコミからも集中砲火を浴びた。

†戦争の大統領

選考当時、オバマへの授賞を強く支持したのは、首相を経験したノルウェー政界の元重鎮、トルビョルン・ヤーグラン委員長自身で、異論は委員会の内部からも沸き起こった。地元紙によると、委員五人のうち三人が当初、異議を唱えた。大統領就任からわずか九カ月間で平和構築に実績を挙げたと言えるのかどうかが問題となったが、ヤーグランが説き伏せたという。

十二月十日に行われた授賞式で演説したオバマは、そのヤーグランですら驚かせたはずだ。オバマは「戦争という手段には平和を守る役割もある」と言い切り、戦争を擁護した。さらに「私の受賞をめぐる最大の問題は、私が（イラク、アフガニスタンでの）二つの戦争のさなかにある国の軍最高司令官だという事実だ」と指摘し、「私たちは今も戦争を遂行している。私は何千もの米国の若者を遠い国での戦闘に送った責任者だ」と述べた。その上で、アフガニスタンでの米軍の軍事行動は「世界が支持し続けている」と主張した。ノーベル平和賞授賞式というより、共和党タカ派を前にした米議会演説の様相を呈した演説であった。欧州を中心にオバマへの落胆は瞬時に広がり、南ドイツ新聞は「部分的に腹立たしい演説をした。よりによって平和賞授賞式で戦争を正当化した」とこき下ろした。

オバマ政権が続ける軍事行動では多数の民間人が巻き添えになっている。オバマはパキスタンやアフガニスタン、イエメンなどで、米軍の死傷者を減らそうと、空爆への無人機活用を大幅に増やした。無人機は地球の裏側にある米軍基地から遠隔操作される。〝パイロット〟に危険が及ぶことはない半面、誤爆のリスクは高い。イラクへの侵攻などで非難の的であった前任のジョージ・ブッシュ政権と比べても無人機攻撃は激増した。

英非営利組織「調査報道協会（ＢＩＪ）」は、パキスタンで米無人機の空爆によって死亡した民間人を四百二十四〜九百六十九人と推計（二〇一七年七月時点）。空爆の死者全体の二割前後に相当する。オバマは無人機攻撃について「大半は正確」「民間人の死傷者は多くない」と釈明するが、民間人犠牲者の公表は拒否。国際人権団体だけでなく、国連すら問題視している。

深刻なのは、肝心の核軍縮が足踏み状態に陥っていることだ。オバマ政権は二〇一〇年四月、ロシアとの間で配備戦略核弾頭数を過去最低水準まで削減する新戦略兵器削減条約（新START）に調印した。だが米議会は条約批准の見返りに巨額の核関連予算を確保。オバマ政権は核兵器の小型化、精密化を推し進めた。また臨界前核実験も続けてきた。

二〇一四年のウクライナ危機では米国とロシアの対立が決定的となった。オバマ政権は二〇一五年にウクライナ政府軍への訓練を始めるなど、露骨な肩入れに踏み切った。一方、ロシアのプーチン大統領は同年、大陸間弾道ミサイル（ICBM）四十基以上を追加配備すると表明した。プーチンはオバマ政権が欧州やアジア太平洋地域で進めるミサイル防衛（MD）構築に強く反発。核軍縮どころか、核戦力の強化へとかじを切った。オバマ政権下で対ロシア関係は最悪の水準に落ち込んだ。

平和の救世主としては四面楚歌と呼べるような状況だった。これらの問題は、そもそも簡単な処方箋はなく、オバマが平和賞を受け取ろうが受け取るまいが、一朝一夕に解決策が見いだせる類ではない。

ただ、ノーベル賞委員会と国際社会が認めるべきことが一つある。ヤーグランが勇断を振るった応援授賞が一切効果を発揮しなかったことだ。

ありていに言えば「オバマは見どころがあるから、平和賞をあげて応援しよう」というノーベル賞側の善意は無残な空振りに終わっている。平和のイメージは、米国が取り組むような巨大で複雑な軍事情勢が絡み合う問題を解決するには、力不足なのだ。

戦火と凄惨なテロが絶えない中東でも、オバマ政権の軍事・外交政策は破綻した。イラクでは、ブッシュ政権による二〇〇三年の侵攻で、フセイン大統領の強権体制が崩壊し、反対派を押さえつけてきた治安部隊が解体された。その隙を突いて、反米を掲げるイスラム過激派の武装勢力が伸長。オバマは、過激派と対峙するイラク治安部隊の再編が不十分な段階で、地上に展開していた米軍を二〇一一年末に完全撤退させた。残された治安部隊は過激派、「イスラム国」(IS)対策に手こずり、イラクでの戦闘は長期にわたって続いている。

オバマは同年に巻き起こった中東の民主化運動「アラブの春」を後押しし、シリアではアサド大統領から厳しい弾圧を受ける反政府勢力を支援した。アサド政権による化学兵器の使用疑惑で、一時はシリアへの軍事介入の方針に傾いたが、二〇一三年に土壇場で回避。その結果、親米欧の反政府勢力が政府軍の反撃で衰退し、政権支配が及ばない空白地域に過激派組織イスラム国が浸透してしまった。この空白をつくり出したのは、ほかでもない前任のジョージ・ブッシュとオバマ、二人の大統領だった。

一三年は、シリアでの化学兵器廃棄を目指す化学兵器禁止機関（ＯＰＣＷ）がノーベル平和賞を受賞した年だった。平和の使者として世界の期待を集めた先の受賞者が、シリアでの化学兵器使用を黙認するという皮肉な結果は、戦乱に苦しんできた多くのシリア国民はもとより、中東の平和を願う世界の人々を落胆させた。

もともと平和賞には「米国偏重」との批判が付きまとってきた。在任中の米大統領への授与は、日露戦争の講和調停に尽力したセオドア・ルーズベルト（一九〇六年）、国際連盟創設の立役者ウィルソン（一九一九年）に続き、オバマで三人目。このほか、二〇〇二年に元米大統領ジミー・カーター、二〇〇七年に元米副大統領アル・ゴアも受賞している。

二〇一二年には欧州連合（ＥＵ）に平和賞を授与したことで、ヤーグラン率いるノーベル賞委員会はさらに物議を醸し、再び批判にさらされた。これに喜び、批判のトーンを強めたのは中国だ。その二年前、民主活動家の劉暁波《リユウシヤオボ》に平和賞を与えた委員会を中国は恨んできた。中国国営通信、新華社はＥＵへの授賞決定について「近年、ノーベル平和賞の名声と評判は大きく損なわれている」と批判する論評を配信。オバマへの授賞に触れ、「果たして成績を評価して表彰しているのか、それとも授賞の機会を利用して政治的な表明を行っているのか」と委員会をなじった。

†平和賞を外交カードに利用

オバマ米大統領が受賞し物議を醸した〇九年以降の平和賞は、外部からの批判もいとわない「政治的」な選択が多くなったと言われている。一〇年には中国の民主活動家、劉暁波《リユウシヤオボ》に賞を与え、中国との外交問題に発展した。一一年にはリベリアのエレン・サーリーフ大統領ら中東・アフリカの女性三人が受賞。一二年には、債務危機に直面し加盟国間の対立も顕在化していた欧州連合（ＥＵ）が受賞したのに続き、一三年に化学兵器禁止機関（ＯＰＣＷ）が賞を受けた。

特にＥＵとＯＰＣＷへの授賞に関しては「国際団体を重視するばかりで、個人の人権活動家が軽視されている」との批判を招いた。ＥＵの受賞の際には、加盟国であるチェコのクラウス大統領が「悲劇的な過ち」だと批判した。官僚機構がノーベル賞を受けても「空虚な飾りにすぎない。受賞は冗談かと思った」と一蹴している。

また内戦下のシリアなどでの化学兵器廃絶に向けた取り組みが評価されたＯＰＣＷについても、「何か特別なことをやっているわけではない。ただ、組織としての役割を果たしているにすぎない」と受賞に値するのか懐疑的な見方もあった。

教育機会の増加に向け個人での活動を続けてきた一四年のマララ・ユスフザイとインドのカ

イラシュ・サトヤルティへの授賞は、こうした批判に対するノーベル賞委員会としての「返答」とも言えるだろう。ただ、この選択にしても「マララはノーベル賞には若すぎる」といった批判から逃れることはできなかった。

近年の平和賞で野心的な選考が目立つようになったのは、前にも触れたノーベル賞委員会のヤーグラン委員長の影響が大きい。二〇〇九年から一五年にかけて在任したヤーグランはノルウェーの中道左派、労働党の政治家として長く活動し、一九九六～九七年には首相も務めた。ノーベル賞委員会の委員長に就任した〇九年、委員会内の慎重意見を説き伏せ、実績に乏しいオバマをいきなり選出し、平和賞を新たな方向へ踏み出させた。

ヤーグラン体制の下で選出された平和賞受賞者には明確な共通点がある。それは、平和実現に貢献した実績よりも、今後の活動に期待が込められた未来志向の受賞だという点だ。ノーベル賞を授与することで世界が直面する問題が前進することを狙ったものであり、それに伴う外部からの批判は意に介していないようにも見えた。むしろ、停滞するノーベル平和賞のイメージ一新を狙ったある種の「炎上マーケティング」なのではないかとも思えるほどだ。

そしてヤーグランは、平和賞を「政治的な目的を達成するための手段」に変えた。ギリシャに端を発する債務危機で欧州統合の限界が議論されていた一二年、渦中のＥＵにあえて授賞したことが何よりも物語っている。

ノルウェーは一九九四年に国民投票でEU加盟を否決（七二年には前身のEC＝欧州共同体への加盟も否決）するなど非EU加盟国だが、ヤーグランは欧州統合路線を推進した親EU派の先鋒として知られる。九〇年には『マイ・ヨーロピアン・ドリーム』と題した親欧州の本も出版。EUは平和賞受賞に値するとの認識は、当時からのものだった。

〇九年からはノーベル賞委員会委員長に加え、欧州統合の達成などを目的に四十七カ国が加盟する欧州会議の事務局長も務めている。

「この経済危機の最中に、どうしてEUなのか」。授賞発表の直後にインタビューした記者に対して、ヤーグランは身じろぐことなく、こう返した。「授賞にこれ以上ふさわしい時はない」と。そして「負の側面に目が向けられる時こそ、過去の貢献を思い出すべきだ」

それも一つの考え方だろうが、世間一般が抱く感覚とはやはりずれているのではないか。そんな記者の頭の中を見透かしたかのように、ヤーグランは「国内外でさまざまな批判が出ることは予想していた」と静かに付け加えた。

EUへの授賞は「ノーベル賞委員会の全会一致で決まった」とも述べたが、この時ほどヤーグランの個人的な思想が選考に反映されたと実感した時はない。良くも悪くも、ヤーグランのリーダーシップと個性が前面に出た時代であった。

このEUへの授賞には裏話がある。ヤーグランによれば「全会一致」で授賞が決まったわけだが、この時に委員会に出席していなかったメンバーが「出席していれば絶対にEUには投票していなかった」と後にノルウェーメディアに暴露したのだ。

この委員は女性のオーゴット・バッレ。体調を崩しており一二年の選考には関与していなかった。EU支持者だったヤーグランとは対照的に、EUへの懐疑論者として知られていた人物だ。彼女は、もし委員会に出席できていれば、EUへの授賞は絶対に認めず、この年のノーベル平和賞の受賞者は違っていたはずだと主張している。ヤーグランは「私が病気で欠席している状況を利用した」のだと。

一五年三月、ヤーグランはノーベル賞委員会の委員長を解任された。在任中の委員長解任は初めてのことだ。背景には議論の余地が多かった授賞歴に加え、ノルウェー政治の勢力変化が挙げられる。一三年の総選挙でヤーグランの労働党は野党に転落。五人の委員は国会によって任命されるため、委員会でも主流となったのは与党となった保守党だった。代わりに委員長のポストに就いたのは、元保守党党首でビジネスの経験も豊富な女性のカーシ・クルマンフィーベ。ヤーグラン体制下で副委員長を務めていた人物だ。

ヤーグランは、委員会の五人の委員のうちの一人にとどまったものの、平和賞の選考ではその影響力は低下した。後任のクルマンフィーベ体制下での初の選考となった一五年はチュニジアの「国民対話カルテット」への授賞により、中東の民主化と安定化へのメッセージを発する形となった。

翌一六年にはコロンビア和平への取り組みを評価しコロンビアのサントス大統領に授与、ヤーグランとは異なる新たな選考哲学がおぼろげながら浮かんできたと思われた矢先の一七年二月、クルマンフィーベは乳がんによりこの世を去った。

後を継いだのは、クルマンフィーベ体制下で副委員長を務めていた女性のベーリット・レイスアンデルセン。一二年から委員会のメンバーを務め、弁護士でもある人物だ。委員長となって初となる一七年の平和賞には、スイス・ジュネーブに拠点を置く国際非政府組織の「核兵器廃絶国際キャンペーン（ICAN）」への授与を決めた。核兵器を史上初めて非合法化する核兵器禁止条約の実現に向け、広島や長崎の被爆者とも協力して粘り強い活動を行ってきた努力を評価したものだ。

ノーベル賞委員会は授賞理由に、ノーベルの遺志である①諸国間の友好②常備軍の廃止または削減③平和会議の開催・推進――の三点を明記した上で、ICANへの授賞はノーベルの遺志に「しっかりと根ざしている」と異例の言及をした。ヤーグラン委員長の時代に高まった選定への批判を受け止め、平和賞の理念に立ち返ろうとしているとの姿勢をアピールした。

少なくとも一七年の決定からは、新体制となった委員会がノーベルの遺志という「原点」を強く意識していること、一昔前の平和貢献に授賞するよりも時宜にかなった選定を心掛けていることが浮き彫りとなった。この先数年の受賞者の顔ぶれを見れば、新体制が追い求める「平和」の輪郭がよりはっきりと見えてくることだろう。

移り変わる時代に合わせて、これまでも少しずつその性格を変えてきた平和賞。今度はどのような候補に白羽の矢が立つのか、目が離せない。

†お膝元からの異議

平和賞授賞に対する異議申し立てがあちこちで生まれている。興味深いことに、平和賞のお膝元、ノルウェーを中心にそうした声が上がっているのだ。

声の主は同国の平和問題の識者、フレドリック・ヘッファメール。ヘッファメールはオバマ受賞の前年、二〇〇八年に『ノーベルの遺言』という題名の本を出版。その後もオバマに限らず、歴代のノーベル賞委員会による決定の数々に対し「アルフレド・ノーベルの遺言から逸脱している」と異議を唱えたのだ。そして、この論争は二〇一二年一月にストックホルム市の行政委員会が、賞の運営団体であるノーベル財団に公式見解を求める事態に発展した。

ヘッファメールの主張を紹介する前に、ノーベルの遺言のうち平和賞に関する部分には、何と書かれているのか、あらためて見てみよう。そこには三つの基準が挙げられている（数字は筆者による）。「①諸国間の友好、②常備軍の廃止または削減、③平和会議の開催・推進――に最大もしくは最善の活動をした人物」だ。ノーベルが生きた十九世紀は、米国では南北戦争、欧州では普仏戦争、アジアでは日清戦争が起きた戦乱の時代。その時代性を感じさせる平和の概念といえるだろう。特に③の「平和会議の開催・推進」という観点から選ばれた受賞者は、少なくとも近年は例がない。平和のための会議を開いている団体はもちろんあるが、国際政治において重要な平和会議が開かれるという状況自体が現出しなくなっている。

「例えば二〇一〇年の劉暁波《リユウシヤオボ》、二〇〇六年のグラミン銀行（バングラデシュ）創設者のムハマド・ユヌス。彼らは確かに素晴らしい人物だ。しかし、平和賞の対象かというと、それは違う。ノーベル賞委員会は遺言を完全に無視している」。ヘッファメールはロイター通信にこう語っている。人権のための闘いや救貧活動は尊い。だが、軍の廃止・削減や平和の推進といった賞の本来の趣旨からは外れているだろうという主張だ。二〇〇七年には、映画「不都合な真実」で有名なアル・ゴア米元副大統領と、国連の「気候変動に関する政府間パネル」（ＩＰＣＣ）が受賞しているが、ヘッファメールはこうした環境問題への取り組みを評価した授与には特に手厳しい。平和と何の関係があるのかと問い掛けているわけだ。思わず頷く人も多いだろう。

†ノーベル賞委員会の言い分

こうしたヘッファメールの指摘に、ノーベル賞委員会は猛然と反論した。ストックホルム市の行政委員会がノーベル財団に見解を求めたことに応じて、二〇一二年二月末にA4紙四枚の所見をまとめている。この中で興味深いのは、ノーベル賞委員会自身が「アルフレド・ノーベルは平和運動を懐疑的に見ていた」と指摘している点だ。

同委員会はノーベルが複数の遺書を残していたことに触れ、純粋な平和主義者ではなく複雑な側面を併せ持っていたことを強調。「ノーベルは平和運動の現実性に疑いの目を持っており、平和のための会議よりも、自身が発明したダイナマイトの工場のほうが早く戦争を終わらせることができると宣言していた」として、ノーベルに対するヘッファメールの評価は一面的だと論じている。さらに、「ノーベルが賞のために残した莫大な資産の規模を考えれば、ノーベルはかなり先の未来まで賞が続くと予想していたと考えられる。ということは、時代に合わせて遺言を解釈することは、我々に課せられた使命だ。我々は今日の世界情勢の中でこの遺言をどう理解すべきか考えながら、候補者を綿密に審査している」と反論した。

ヘッファメールは著書の中で、歴代の平和賞受賞者全員について、ノーベルの遺言の趣旨に合致しているかどうか、言ってみれば「○×」を付けているのだが、委員会は「どういう基準で線引きしているのか、理解に苦しむ」と痛烈に皮肉っている。

例えばこんな具合だ。

「ヘッファメールの解釈によれば、南アフリカのアパルトヘイト（人種隔離）撤廃に取り組んだネルソン・マンデラとデクラーク両元大統領（一九九三年受賞）は『〇』。なのに、同じくアパルトヘイト撤廃運動の指導者だったデズモンド・ツツ元大主教（一九八四年受賞）は『×』にしている」

委員会は佐藤栄作元首相への授与（一九七四年）にも触れている。

「激しく批判された佐藤への平和賞だが、ヘッファメールの解釈では『〇』だ」

ただ、佐藤への授与はその是非はともかく、授賞理由が「非核三原則」の提唱や核拡散防止条約への署名だったことを考えれば、ノーベルの遺言に沿うという解釈自体はそれほどおかしなことではない。ノーベル賞委員会はヘッファメールに反論しようとするあまり、佐藤への授賞判断は間違いだったと言わんばかりで、自己矛盾に陥っているようにも見える。

結局、この論争はノーベル財団が「平和賞のこれまでの決定は、何ら遺言と乖離しない」という見解を行政委員会に提出し、同委員会がこれを受け入れたことから、表面化から二カ月弱で幕を閉じた。もともと、ノーベル財団やノーベル賞委員会の見解を行政委員会が否定することは考えにくかったので、予想どおりの結果だったといえる。しかし、「平和賞」ではなく「人権賞」や「環境賞」になっていないか——というヘッファメールの問い掛けは、ノーベル賞という権威を前に多くの人が口に出せずにいた漠然とした疑問を顕在化させた。

こうも不協和音が響くと、どうしても直接関係者に確認をしたくなる。記者は再びオスロに飛んで、ノーベル平和賞の選考主体ノルウェー・ノーベル賞委員会の補佐機関、ノーベル研究所のオラフ・ニョルスタ所長に会った。

記者は質問をぶつけてみた。「近年の授賞対象は貧困、気候変動、教育に拡散し、平和活動に与えるとしたアルフレド・ノーベルの遺言を逸脱しているとの指摘がある」

それに対しニョルスタはこう答えた。

「批判は認識している。しかし、遺言は歴史的文脈の中で理解されるべきで、平和賞は時代や社会とともに変化する。（遺言が書かれた）十九世紀末と同じ定義の平和活動にのみ授与すべきだという意見はあまりにも保守的だ」

ニョルスタは、ノーベルの遺言について、「曖昧であり、ノーベルが何を定義したのかを正確に言い当てるのは不可能」と指摘した。確かにノーベルの遺言は「国家間の友好、軍隊の廃止または削減、及び平和会議の開催や推進のために最大もしくは最善の仕事をした人物」に賞を贈るとしており、曖昧さは残る。そうだからこそ、ある程度の柔軟性が求められるのだという。ニョルスタは「ノーベルの本質は発明家であり、時代や社会の発展に伴ってノーベル賞が発展することを望まないとは到底考えられない」と話した。そして「ノーベルが生きた十九世紀末に定義された平和運動だけに平和賞が授けられるべきだという批判は、あまりにも保守的な視点だ」と反論している。

†平和賞を訴える

この問題でノーベル財団批判の先鋒に立つのが、「ノーベル賞ウォッチ」というサイトを運営するノルウェーなどの法律家や研究者らで構成する「武器を捨てよ」というスウェーデンの市民団体だ。この団体は、ノーベル財団に対し、平和賞の選考方針を見直すようたびたび申し入れを行ってきた。しかし、財団側がこの申し入れに対応していないとして、二〇一五年十二月には、ついに法的手段に訴えた。

この日付でストックホルム地裁に提出された訴状によれば、「武器を捨てよ」は、二〇一二年の欧州連合（EU）に対する平和賞授与は「アルフレド・ノーベルの遺言」に反していると指摘。「ノーベルの遺産運用益配分の遺言に反して選考された賞の授与は違法であり、財団は違法に出費された八百万スウェーデン・クローナを賠償する責任がある」と主張した。

さらにEUについて、①世界で最も軍備が充実した地域であり、軍事同盟が進んだ場所、②英国、フランスのほか米国はイタリア、ドイツ、トルコに核兵器を配備している、③ノーベル平和賞をオスロで受け取る一方で、（NATO本部のある）ブリュッセルでは、軍拡を進める協定に署名している――などと批判した。

「武器を捨てよ」はその後の二〇一六年二月に入ると、「真のノーベル平和賞」と題した独自の候補を発表する。もちろん、彼らの標榜するノーベルの遺言を忠実に反映した候補者や団体だった。約三十の個人と団体の中には、いくつかの日本人や日本の団体が含まれており、「平和首長会議」はその一つで、核兵器廃絶に向けた地道な努力を高く評価し、広島市の松井一實《かずみ》市長と長崎市の田上富久《たうえとみひさ》市長も同時受賞対象として挙げられていた。

また「日本原水爆被害者団体協議会（被団協）」と憲法九条を守る運動体「九条の会」もノミネートされている。こうした反核、反戦の精神を尊重する一方で「武器を捨てよ」は、ベトナム戦争に関する米国防総省の秘密文書「ペンタゴン・ペーパーズ」を暴露したダニエル・エルズバーグや、国家安全保障局（NSA）による市民の通話履歴収集などを暴露したエドワード・スノーデンも列挙するなど、新たな分野を開拓しようとしている点が注目される。

†〝哲学者〟が考える平和

ノルウェーの首都、オスロを本拠とする国際平和研究所（PRIO）のクリスティアン・ベルグ・ハルプビケン所長は、「ノーベル平和賞ウォッチャー」として知られ、毎年、受賞者予想を発表している。二〇一四年十月には、戦争放棄を定めた憲法九条を保持してきた日本国民を最有力候補に挙げ、日本国内を騒然とさせた。

当時、安倍晋三首相は憲法九条の解釈変更で、集団的自衛権の行使の容認に踏み切ったばかり。突然、遠いオスロからノーベル平和賞の威光を背負って吹いた追い風は、日本の護憲派を「世界が注目している」と勢いづかせた。一シンクタンクの予想にすぎないが、社民党党首の吉田忠智《ただとも》は「安倍晋三首相自身が賞を受け、憲法九条の重みをかみしめてほしい」と力を込め、この候補予想は瞬く間に日本政局の重要ファクターとなる様相を呈し始める。

安倍政権側は、菅義偉《すがよしひで》官房長官が「まったく予測にすぎない」と記者会見で一蹴してみせるなど即刻反撃に出た。だが、政権周辺には危機感が広がっていた。改憲派の閣僚の一人は「（実現すれば）自民党は終わりだ」とさえ漏らした。受賞の場合、安倍が「ライフワーク」として取り組むと公言している憲法改正の道が封じられ、政権が甚大な打撃を受けるのは必至で、政局もこじれて行く。国内の右派は「日本の武力の封じ込めを狙う外国勢力の思うつぼだ」と反発し、〝陰謀説〟まで飛び出した。

ハルプビケンは憲法九条を最有力候補とした理由について、集団的自衛権の行使を容認した「安倍政権による九条の解釈変更」に言及し、「武力衝突の兆しとの懸念が出ている」と説明した。ウクライナ危機や東アジアの緊張の中で、平和賞が戦争抑止の原点に戻るのは時宜にかなっていると分析した。

受賞者発表の前夜の九日夜、ハルプビケンは平和賞を予想するノルウェー国営放送、ＮＲＫのテレビ番組にパネリストの一人として出演し、日本の憲法九条が最有力だとして熱弁を振るった。しかし、他の出演者の賛同は得られなかった。NRKは二〇一二年の欧州連合（EU）、二〇一三年の化学兵器禁止機関（OPCW）の受賞を事前にスクープするなど、平和賞の報道に強い。その番組で真っ先に取り上げられ、他のパネリストも有力と名指ししたのが、パキスタンで女子教育の権利を求め、銃撃されたマララ・ユスフザイだった。クレムリン批判を続けるロシア紙「ノーバヤ・ガゼータ」、米政権の個人情報収集を暴露した米中央情報局（CIA）元職員エドワード・スノーデンも可能性の高い候補として紹介された。NRKがニュースとして報じた有力候補の予想リストでも憲法九条には全く触れられず、ハルプビケンは無視された形となった。結局、二〇一四年の平和賞はマララ・ユスフザイと児童労働根絶に取り組むインドの活動家カイラシュ・サトヤルティが共同受賞することになった。

それでもハルプビケンはめげない。

共同受賞が発表された十月十日には、共同通信のインタビューに「九条は平和賞の精神にかなっており、また候補となることはあり得る」と自説を曲げなかった。さらに、ハルプビケンは、東アジアが沖縄県・尖閣諸島をめぐる日本と中国の緊張などで「国家間の大規模紛争が起こる可能性が世界で最も高い場所の一つとなっている」と指摘した。世界的に珍しい憲法九条に光を当てることは、平和をめぐる新たな議論のきっかけになるとの考えを示した。

その後もハルプビケンは意気軒昂で、一五年二月に発表した受賞者予想では、憲法九条を有力候補の四位に挙げた。憲法九条が選ばれる場合、受賞対象として最も可能性が高いのは、ノーベル賞作家、大江健三郎らの日本の護憲派市民団体「九条の会」だと分析し、被団協などが注目を浴びる可能性もあるとした。

日本では、神奈川県座間市の主婦鷹巣直美らが憲法九条の平和賞受賞を目指す市民運動を続けている。推薦資格を持つ国会議員や大学教授らを通じて推薦状を送り、二〇一五年も受理の連絡を受けたとしている。この団体が求めたのは、日本国民全体の受賞だった。ただ、ハルプビケンは共同通信に対し、国民全体の受賞はあり得ないとの見方を示した。一五年の予想候補も「九条の会」に修正したと説明している。

もともと、一四年の当初予想ではローマ法王フランシスコなど五候補を列挙したが、憲法九条は含めていなかった。しかし、受賞者発表の一週間前に予想を見直し、〝圏外〟にあった憲法九条をいきなり首位に据えた。ハルプビケンは、なぜ憲法九条にこだわり始めたのか。十月、国際平和研究所（ＰＲＩＯ）のブログに掲載された大学院生の寄稿は、その思考の道筋を示唆している。

執筆したのは、東京外語大大学院に在籍するノルウェー人のグンナール・レークヴィック。九月二十四日付のノルウェー左派系日刊紙「クラッセカンペン（階級闘争）」に最初に公表された。ブログに出たのは、これを英訳し、加筆したものだ。

レークヴィックは「平和賞授与で憲法九条に国際的地位や権威が与えられれば、北東アジアの平和的共存に貢献できる」と論じた。また、A級戦犯をまつる靖国神社に安倍晋三首相らが「平和を祈るため」参拝するのは「ドイツ首相がヒトラーの名声をたたえて平和を祈る」ことに等しいと厳しく指摘した。

さらにドイツ首相が戦後、ワルシャワのユダヤ人居住区でひざまずいて謝罪したことを紹介。これとは対照的に、第二次大戦で日本から暴虐を受けた近隣国の被害者は、きちんとした謝罪がないと感じ、憲法九条を謝罪に代わる「平和を保障する契約」と見なしていると強調した。その上で、「憲法九条の改正ないし撤廃は、日本の占領下で苦しんだ人々にとって敗北を意味する。憲法九条の足かせから自由になった日本には、全近隣国が不信を抱く」と訴えている。

憲法九条を「リスクが高まる北東アジアにわずかに残された平和の仕組み」と見なし、これが無効化されつつあるとの危機感は、ハルプビケンの予想理由にも通じる。憲法九条の解釈変更で集団的自衛権の行使容認に突き進んだ安倍政権には、米紙ニューヨーク・タイムズが社説で「民主的手続きを損なう」と懸念を示すなど、世界から厳しい目が向けられている。

ハルプビケンは一七年、任期満了で退任した。二期八年の任期中、毎年の予想で五候補前後を挙げてきたが、同じ年に予想が当たったのは一四年に五位に挙げたマララ・ユスフザイだけだった。

日本メディア以外には取り上げてもらえなくても、憲法九条を推し続けたハルプビケン。その言葉には、平和賞の歴史的変遷を踏まえた上で、ノーベルの遺言の「原点」に立ち返って戦争抑止に力を注ぐべき時が来たのだ、という確信が透けて見える。ハルプビケンは、平和賞をまるで競馬のように扱い、受賞者予想の賭けで一儲けする英国のブックメーカーとは対極的な存在だ。的中率を競う予想屋ではなく、平和賞のあり方、理想を問い続ける〝平和の哲学者〟なのだ。

インタビュー　日本の平和運動に熱い視線

何かと話題になることが増えた、日本の平和運動に熱い視線を遠く、英国から見つめエールを送り続ける人がいる。平和に関する研究で知られる英ブラッドフォード大社会科学部平和学科研究員を長年務めたピーター・バン・デン・デュンゲンだ。

オランダ・ハールレム生まれのデュンゲンは、ロンドン大学キングズカレッジ戦争学部で博士号を取得し、二〇〇〇年にはノルウェー・ノーベル研究所で客員研究員を務めた経験がある。英国中部の小さな工業都市ブラッドフォード駅近くで平和博物館を運営しており、これを世界中に広げるのが夢だという。

広島原爆の被害者の大きな写真が飾られたこの平和博物館を案内してくれたデュンゲンに、

現在の日本の平和運動とノーベル賞について、意見を聞いた。

〈核兵器反対と戦争放棄は日本の平和運動の両輪だ。推薦の理由は？〉

「ノーベル賞委員会に送った推薦状で、被団協と九条の会への同時授賞を求めた。広島と長崎に原爆が投下され、第二次世界大戦が終結してから七十年が過ぎた今、平和にとって大事な節目に平和賞が日本に行くことは意義深く、この二団体が同時受賞できれば素晴らしいと私は考えている」

「長年平和を学問として研究してきた私には、原爆の実態を語り継ぎ、平和運動を続けてきた被爆者らによる世界の核軍縮運動への貢献が、どれだけ大きいものか理解できる。一方で、被爆者らは高齢化が進む。マハトマ・ガンジーは平和賞にふさわしい人物だったが、受賞前に暗殺されてしまった。その失敗を繰り返すべきではない」

〈日本の平和主義は揺らいでいるように思う。現状をどう分析するのか〉

「戦争放棄をうたった九条だが、年月とともに変質してしまった。特に、安倍政権は集団的自衛権の行使を容認させようとし、武器輸出を解禁した。九条の会に平和賞が授けられれば、安倍政権が進める政策を少しでも変えられるのではないかと考えた」

〈軍備増強を進める中国、核武装した北朝鮮。東アジアの安全保障環境は激変している〉

「安倍政権の政策は周辺国を不安にさせ、事態を悪化させている。さらに教科書検定の強化や、南京事件の否定、慰安婦問題の矮小化を進めている。これらの問題を総合的に見ると、日本の現状は周辺国が望む形ではない。その意味で、韓国や中国の議員や学者が賛同できる九条への平和賞の意義は重いだろう」

〈日本の団体や人物を平和賞に推薦したのは今回が初めてか〉

「私は日本の団体などの推薦を数年前から続けている。『原爆の図』で知られる故・丸木《まるき》位里《いり》、俊《とし》夫妻や、広島市長だった秋葉忠利氏を推薦したこともある」

〈現在の平和賞のあり方に批判的だと聞いた〉

「その通りだ。貧困や教育、気候変動など、近年の受賞者をみてほしい。ノーベル賞委員会は、アルフレド・ノーベルが遺言で示した平和の意味を勝手に変えるようになってきてしまった。戦後七十年の今年こそ、本来の平和活動に授与されることを期待している」

†被爆者がノルウェーへ

デュンゲンのエールに応えるかのような異例の出来事が一五年の平和賞授賞式で起きた。広島・長崎原爆の被爆者が、招かれたのだ。通常平和賞授賞式に招かれるのは、受賞者の関係者らとノーベル賞委員会、ノーベル財団のほかノルウェー王室や外交関係者らに限られる。その年の受賞者はチュニジア民主化に貢献した「国民対話カルテット」であり、広島と長崎は関係がない。しかし、被爆者の式典参加を求めて委員会と交渉してきた「広島・長崎被爆者プロジェクト」の努力が実り、異例の出席が認められたのだ。

広島からは八歳の時に被爆し、二〇〇九年にニューヨークの国連本部でスピーチした経験がある七十八歳の岡田恵美子が、長崎からは、十八歳の時に爆心地から約一・八キロで被爆し、左腕と左足が焼けただれるなど重度のやけどを負った八十八歳の築城《ついき》昭平が参加した。二人は高齢にもかかわらず、平和の式典、十二月十日の授賞式出席のために、オスロへ足を運んだ。

「世界中の被爆者が招待されたと思っている」。授賞式を翌日に控えた十二月九日午後、オスロのホテルに到着した築城は、成田空港から中東ドバイ経由での長時間のフライトの疲れもほとんど見せずに語った。

授賞式当日も二人は会場のオスロ市庁舎までホテルから歩いた。二人とも年齢を感じさせない確かな足取り。糖尿病や高血圧を患いながら米国やロシアなどで何度も証言活動をしている築城が「世界にはまだまだ原爆の悲惨さが伝わっていない」とつぶやくように言った。

その翌日、地元の反核兵器団体が開いた集会で、被爆体験を説明するとともに「二度とこうしたことを起こしてはならない」とオスロの市民らに訴えた。

岡田は、被爆時の経験について「何が起きたか分からないまま地面にたたきつけられた。体がパンパンに膨れ上がった人が『水をちょうだい』と言いながら死んでいった」と振り返り、

「子どもや弱者が犠牲となるこのようなことを、地球上で二度と起こしてはならない」と涙声で訴えた。

築城は「周りの人々は全身焼けただれ、次々に死んでいった」と語った。自身も急性障害に苦しみ、「ベッドの上で死を覚悟した。被爆体験を長く伝えられるのは神様の指示だと感じている」と述べた。

この集会には、核問題に関心を持つオスロのマリアンネ・ボルゲン市長も同席し、二人に先立って「広島、長崎への原爆投下は歴史上の汚点だ」と話した。岡田は、世界の自治体首長でつくる「平和首長会議」への参加を求める広島市の松井一實市長からの親書をボルゲン市長に手渡した。また、オスロ渡航に合わせて広島市の高校生が原爆をテーマに描いた絵画五枚を会場で披露した。

会場には市民ら約三十人も出席し、二人に「どうして生き残ることができたのか」「家族はどうなったのか」などと熱心に質問した。参加者の一人だった六十五歳のクヌート・ミーレルは「被爆者の苦しみが身近に感じられ、よく理解できた」と話していた。

こうした活動や、被爆者の平和賞授賞式出席は、平和賞の選考過程には影響しない。しかし、マララ・ユスフザイやバラク・オバマの項で紹介したように、ノーベル平和賞委員会は、国際世論から無縁ではない。遠路オスロまでやってきて実体験を話す高齢の被爆者二人がノルウェーの国民に与えたインパクトは少なくない。被爆者がブラッドフォード大のデュンゲンらが推薦した通りに候補者入りした場合、五人の選考委員が討議する際、彼らには被爆の惨状がより身近に感じられるはずだ。いや、感じざるを得まい。ノルウェーのソルベルグ首相自らが二人の被爆者と四十分もの時間を割いて被爆体験に聞き入った事実もそれを裏付ける。

一七年の「核兵器廃絶国際キャンペーン（ＩＣＡＮ）」平和賞授与決定は、被爆者らの長年の願いが叶ったとも言える。授与理由についてノルウェー・ノーベル委員会のベーリット・レイスアンデルセン委員長は「核廃絶に取り組む全ての個人、団体をたたえるものだ」と説明した。ＩＣＡＮ側は声明で、被爆者や世界中の核実験の被害者と共に与えられたものだと強調。さらにフィンＩＣＡＮ事務局長は記者会見で、十二月十日のオスロでの授賞式典に「被爆者もいてほしいと思う」と述べた。日本の被爆者団体も授賞を称賛、米国やロシア、中国などが核抑止力に固執し、北朝鮮による核開発が深刻度を増す中、理想実現に向け、平和賞が大きく貢献した。

†竜の尾踏んだ平和賞

二〇一〇年の平和賞は激しい外交摩擦を引き起こした。ノーベル賞委員会のヤーグラン委員長は十月八日、中国で政治犯として服役中の民主活動家、劉暁波《リユウシヤオボ》を選んだと発表した。授賞理由では「中国で基本的人権（確立）のため非暴力的手段で闘ってきた」ことを評価した。

さらに「世界第二位の経済大国となった中国の新たな立場には、さらなる責任が伴わなければならない。中国は自らが調印した国際的な協定や自国の憲法に反し、市民の言論や報道、集会、デモなどの自由を制限している」と踏み込み、厳しい中国批判を展開した。米欧や人権団体は喝采したが、内政干渉を最も憎悪し、この受賞で面子をつぶされた格好の中国は激怒、「共産党一党支配の政治体制への批判」（外交当局者）と受け止めた。ノルウェー・ノーベル賞委員会は眠っていた竜の尻尾を踏んだのだ。

ヤーグランにとってそうした中国の出方は想定内だったようだ。記者会見で、「私たち（国際社会）には中国を批判するとともに、どんな国になってほしいか要求する権利がある」「中国政府は毎年、（民主活動家らに平和賞を授与しないよう）圧力をかけてくる。これは尋常ではない」「中国に（民主化を進めるべきだとの）メッセージを送ることが必要。そうしなければ、われわれが人権活動家を裏切ることになる」と訴えた。

欧州連合（EU）は「多大な犠牲を払いながら、自由と人権のために闘っている世界中の人々を支持する力強いメッセージだ」（バローゾ欧州委員長）と評価し、菅直人首相も、劉暁波《リユウシヤオボ》について人権の観点から「釈放されることが望ましい」と表明した。ただ、中国政府へも配慮を見せ、釈放を直接要求する考えは示さなかった。

中国政府の出方を世界が固唾を飲んで見守る中、北京の反応は大方の予想を上回る激烈さだった。まずは駐中国ノルウェー大使を外務省に呼んで抗議、中国外務省の馬朝旭《マージャオシュー》・報道局長は記者会見で、「中国の司法制度を尊重せず、中国の政治制度を変えようとするのは大きな間違いだ」と非難した。ノルウェー政府は、委員会が政府から独立した組織だと主張したが、〝政府から独立した〟存在をそもそも想定できない中国共産党には理解すら困難な論理であった。劉暁波《リュウシャオボ》は二〇〇八年十二月、共産党一党独裁体制の廃止を呼びかけた「〇八憲章」の発表直前に拘束され、懲役十一年の判決を受け服役中だった。中国政府にとっては、国家転覆を図った「犯罪者」だ。寛容な態度を示せば、国内の民主活動家らが勢いづき、体制の基盤が揺らぎかねないとの強い危機感もある。

ノーベル賞委員会側は反撃に出た。ヤーグランは十月二十三日付の米紙ニューヨーク・タイムズに「私たちはなぜ劉暁波に賞を与えたか」と題して寄稿し「中国は間違っている」と正面対決、「人権は現在、国家の枠組みを超え、国際社会が守る義務を負うものだ」と強調した。

妻の劉霞《リュウシア》によると、遼寧省錦州《チンチョウ》の刑務所で服役していた劉暁波は十月十日、受賞決定後に初めて劉霞と面会し、賞は一九八九年の天安門事件で犠牲になったすべての人たちの魂にささげる、と涙ながらに語ったという。劉暁波は、天安門事件で子どもを亡くした親の会「天安門の母」に平和賞が授与されるべきだと主張してきた。それだけに、気になって仕方がなかったのだろう。この会が同時受賞したかどうかを面会で妻に尋ね、劉霞《リュウシィア》が「受賞していない」と答えると、泣きだした。天安門事件の犠牲者は自らの命を懸けて平和と民主、自由と非暴力の精神を証明した、とも述べたという。

中国当局は、劉暁波《リュウシャオボ》の周辺者に対しても執拗な〝嫌がらせ〟を本格化する。劉霞がいる北京の自宅の建物下では警官が監視。外交官や報道関係者の接触を妨害した。劉暁波との面会も、公安当局者が劉霞を連れていった。十一月九日には、劉暁波の弁護士が英国開催の国際会議出席のため出国しようとした際、中国当局に阻止された。劉霞は受賞者発表があった十月八日以来、法的根拠がないまま何年間も軟禁され、不眠などの重度のうつ病の症状が出た。二〇一四年には心臓病の可能性があるとして精密検査のため一時入院した上に二〇一三年には劉霞の弟が詐欺罪で起訴されたと報じられた。既に解決していた不動産トラブルをめぐるもので、当局の圧力とみられる。

中国当局は、国内の民主化機運が高まるのを防ぐため、海外からの情報も徹底的に遮断した。中国当局は受賞決定を伝えるNHKの国際放送や欧米テレビ局のニュースが放映できないよう規制し、画面が一時黒くなった。インターネット上でも、劉暁波や平和賞についての情報検索を遮断。ノーベル平和賞受賞をなかったことにしようとする黒い霧が中国全土を覆ったような状況であった。

中国は一九八九年、「祖国分裂主義者」として敵視するチベット仏教の最高指導者ダライ・ラマ十四世が平和賞を受けたことで、相当な屈辱を味わった。それだけに、劉暁波《リュウシャオボ》については、選考の段階から受賞を阻止しようと露骨な圧力をかけていた。傅瑩《フーイン》外務次官は二〇一〇年六月、ノーベル賞委員会の事務局長を務めるノーベル研究所のガイル・ルンデスタッド所長に対し、劉暁波が受賞すれば両国関係に「否定的影響を及ぼす」と警告。ヤーグランも、自身とストーレ外相が中国の「最高位の当局者」から数回にわたり、事前警告を受けていたと一部メディアに明かしている。

受賞決定後、中国は官製メディアを通じ、劉暁波やノーベル賞委員会への中傷キャンペーンや妨害工作にも着手した。十一月一日付の中国共産党機関紙、人民日報系の環球時報《ホリンチウシーバオ》は「劉暁波は一九九〇年代から米中央情報局（ＣＩＡ）系の民主基金会が出資する『民主中国』より年に約二万三千ドル相当の給与を受け取っていた」と報道。改憲を口実に、中国の政治体制を否定し「暴力革命思想」をばらまいた、と口を極めて非難した。

その後十二月十日に迫っていた授賞式もノーベル平和賞をめぐる外交的決戦の舞台となる。中国側が計画したのが、「反平和賞デモ」。国際人権団体アムネスティ・インターナショナルによると、中国の外交官はノルウェー在住の中国人に対し、授賞式に合わせて開くこのデモへの参加を組織的に強要し、参加しなければ、将来中国で暮らす場合に「具体的かつ深刻な結果」

を招くと警告したとされる。また授賞式には毎年、各国の駐ノルウェー大使が出席するのが慣例で、二〇一〇年も千通以上の招待状が発送されたが、ルンデスタッドは「中国大使館に送った郵便は、全て未開封で送り返された」と明かした。

中国はさらに日本を含む各国に対し、授賞式への欠席を要求した。オスロに駐在する各国の大使には、欠席を求める中国大使館からの書簡が届いた。中国の崔天凱《ツオイティエンカイ》・外務次官は記者会見で、「中国の法体系に異議を唱える政治ゲームに加わるのか、中国と真の友好を深めたいのか」と各国に踏み絵を迫った。

結局、欠席したのは二十カ国近くに上った。この中には、ロシアやカザフスタン、サウジアラビア、イランなど、自らも人権問題で欧米から批判される国々が含まれる。中国と同じく共産党独裁体制下のベトナムも欠席し、「ノーベル平和賞が受賞にふさわしい人物や団体に授けられ、（政治的に）利用されることのないよう願っている」（外務省のグエン・フオン・ガー報道官）と授賞批判に加わった。

大国の中国を怒らせれば、報復措置も受けかねないだけに、圧力に屈した国もあった。中国から援助を受けるスリランカは式典への招待を断った。フィリピンも関係悪化を懸念し、出席を取りやめ、アキノ大統領は「（中国で麻薬密輸罪の死刑判決が確定した）フィリピン人を救うことが大切」と釈明した。だが翌年、死刑は執行され、アキノは面目を失った。

中国と欧州の政治的価値観の狭間で起きたこの綱引きの中で、激しく迷走したのがセルビアだった。欧州連合（EU）加盟を目指すセルビアは当初、「中国との関係を重視する」として欠席を決めたが、EU欧州委員会の報道官は「人権擁護はEUの基本的価値観の一つであり、EU加盟を目指す国が価値観を共有することを望む」とセルビアを批判。中国との貿易・投資利益かEUの理想かの選択を迫られ結局、出席に転じた。

注目の授賞式には、日本を含め四十八カ国が代表を送った。だが中国政府は劉暁波の親族の出席すら認めず、異例の式典となる。本人が式に出られなかったのは、一九九一年受賞のミャンマーの民主化運動指導者アウン・サン・スー・チー以来で、平和賞の発足後五回目。本人だけでなく、親族も不在だったのは、一九三五年受賞者（授賞式は三六年）でナチス支配下だったドイツの反戦ジャーナリスト、カール・フォン・オシエツキ以来だった。

授賞式本番で、オスロ市庁舎の式場に置かれた「主のいない椅子」は、「中国に深刻な人権問題が存在し、この平和賞が必要だった」（ヤーグラン委員長）と強烈に印象付けた。ヤーグランは演説で「劉は何も悪いことはしておらず、釈放されなければならない」と訴え、「中国は批判を覚悟し、改善の好機と捉えなければならない」と強調した。人権状況を向上させ、経済大国として「より重い責任」を果たすよう促した。さらに「通常は手渡すが、今回は空席に置く」と断り、一礼した上で、劉暁波《リユウシヤオボ》が座るはずだった壇上の空席の椅子に受賞証書を置いた。

会場は総立ちとなり、拍手が鳴り止まなかった。

その後、微笑する劉暁波の顔写真が飾られた会場にノルウェーの女優リブ・ウルマンの静かな朗読が響いた。読み上げられたのは、劉氏が二〇〇九年十二月、裁判で実刑判決を受けた際、準備した「最後の陳述」の英訳だ。「私は将来、自由な中国が訪れることを楽観している」。「私は、私自身が中国で綿々と続いてきた『文字獄』（言論弾圧）の最後の被害者となり、今後、言論によって罪に問われる人がいなくなることを期待する」。その訴えは、メディアを通じて全世界を揺り動かした。

この夜、受賞者を祝う恒例のたいまつ集会で、千人以上の市民らは「思想は自由」と題された歌を唱和し、釈放を求めて声を上げた。オスロには、世界各地に散らばる中国人の民主活動家約五十人も結集した。それまでは、まとまりを欠くと指摘されてきたが、活動家らは授賞式翌日の十一日、「オスロ宣言」を発表し、連携を確認した。

中国の猛攻撃

中国は報復として、ノルウェーに対する執拗な〝嫌がらせ〟にも着手する。強大な経済力を背景にした外交・貿易的報復であった。まずはノルウェーとの政府高官の交流を中止し、自由貿易協定（FTA）交渉も延期した。また、ノルウェーの主要輸出品であるサケについて検査を厳格化し、貿易量を激減させた。

一九八九年にチベット仏教の最高指導者、ダライ・ラマ十四世が受賞した際も、中国は駐ノルウェー大使を一時召還したが、当時に比べ、中国の国力は飛躍的に増加しており、ノルウェー経済は手痛い打撃を受けた。中国は関係悪化について「ノルウェー側の間違った行動」（外務省の劉為民《リユウウエイミン》・報道局参事官）が原因だと強調した。

劉暁波《リユウシヤオボ》受賞はオバマ外交にとっても、避けて通れぬ問題となった。米下院は授賞式直前の十二月八日、受賞を祝福し、中国に釈放を求める決議を圧倒的賛成多数で採択した。オバマ大統領はこれに沿い、式の当日に声明を出し、「劉暁波が信奉する価値は普遍的で、彼の闘いは平和的。できるだけ早期に釈放されるべきだ」と表明した。その翌月の二〇一一年一月、中国の胡錦濤《フーチンタオ》・国家主席が訪米する。「劉暁波が投獄されたまま、胡錦濤を国賓として迎えてよいのか」。オバマは人権問題への対応をめぐって米国内から突き上げを受け、米民主党上院トップのリード院内総務や、共和党のベイナー下院議長は、胡錦濤を招いた公式夕食会を欠席した。ノーベル平和賞問題が引き起こした津波が、ワシントンを飲み込んだ格好だった。オバマは胡錦濤とホワイトハウスで会談した際、中国の人権状況に懸念を表明し、劉暁波の釈放も要求した。だが胡錦濤は会談後の記者会見で「中国は常に人権擁護に努めてきた」と反論。その溝が埋まることはなかった。

中国では、劉暁波《リユウシヤオボ》へのノーベル平和賞授与に対抗して「孔子平和賞」がつくられ、世界の失笑を買った。二〇一〇年十二月八日、大学教授らによる賞創設の事実が初めて明らかにされ、翌九日には授賞式が行われた。ノーベル賞授賞式の前日だ。最初の受賞者には、中国との間に「平和の橋を架けた」との理由で、中国接近を図った台湾の連戦《リアンジャン》・元副総統が選ばれたが、本人は「承知していない」として授賞式を欠席する。中国側は、にわか仕立ての賞で挑戦状をたたきつけようとしたが、その失敗は誰の目にも明らかだった。中国国内でさえ「孔子に恥をかかせる」と批判が上がった。

翌二〇一一年、孔子平和賞に選ばれたのは、何とロシア首相ウラジーミル・プーチン。「北大西洋条約機構（NATO）軍によるリビア空爆に徹底して反対した」というのが理由だが、プーチンが二〇〇八年のジョージア（グルジア）・南オセチア紛争に続き、ウクライナにも二〇一四年に事実上侵攻し、世界平和を脅かしているのは今や周知の事実。しかも、プーチンは授賞式を欠席する。孔子平和賞は、欧米はおろか、ロシアにもまともに相手にされていない。

孔子平和賞は、ナチス・ドイツの前例を想起させる。ヒトラーは一九三七年、オシエツキへのノーベル平和賞授与に対抗し、「ドイツ芸術科学国家賞」を創設。ドイツ人のノーベル賞受賞を禁止していた。中国は劉暁波受賞に対する過敏な反応により、自らの異質ぶりを際立たせる。その姿は、巨人の筋肉を持った駄々っ子そのものである。加えて、厄介なのは、その子供が執念深いということだ。

その最たる標的が、ダライ・ラマだ。このチベット仏教の最高指導者は受賞以降、四半世紀にわたって漂流を続けている。中国政府がダライ・ラマを「チベット独立派」として敵視し、徹底的な封じ込めを画策、彼が各国の要人と会うことに神経を尖らせているからだ。各国は年々強くなる自慢の筋肉を振り回す中国のご機嫌を伺うようになっている。二〇一四年だけでも、ダライ・ラマはモンゴルと南アフリカへの入国を拒否されている。南アフリカのケースでは、南西部にあるケープタウンで、ノーベル平和賞の歴代受賞者が集まる会議への出席が予定されていたが、キャンセルされた。南アフリカ政府が最大の貿易相手である中国への配慮をしたのは明白だった。

この事態に主催者側となる南アフリカのノーベル平和賞受賞者、ツツ元大主教の広報官は「ダライ・ラマの入国が拒否されれば、他の受賞者らも来ないと聞いている」と表明。ついには二〇一一年に受賞したリベリアの平和活動家リーマ・ボウイーさんらが会議をボイコットするなど、会議は延期に追い込まれ、平和賞の威光が汚される出来事となってしまった。

人権問題には確固たる立場で中国に物申すことを自慢してきた英国ですら、キャメロン首相を含め閣僚レベルがダライ・ラマと直接会うのを避けるようになった。ダライ・ラマは二〇一二年に訪英し、キャメロンと会談したが、中国政府がこれに対して反発し、両国関係は決定的に冷却化した。欧州財政危機の最中、中国からの投資や観光客がのどから手が出るほど欲しい英国側は屈服する。財務相らを中国に派遣し手打ちを行い、中国側を慰撫したのだ。無論、ダライ・ラマに対するビザ発給拒否といったあからさまな手法はとらないのが老獪な英国外交の真髄。一五年六月に訪英した際は、入国は認めたものの、政府側の対応はなし。ダライ・ラマは、世界的音楽フェスティバル「グラストンベリーフェスティバル」で、「地球上で人間同士が殺し合っている」と述べて世界平和を訴えるに留まった。平和賞vs.中国経済の闘いは、これまでのところ、中国に軍配が上がっている。

†二十一年越しの受賞演説

劉暁波《リユウシヤオボ》と同じく、平和賞受賞時に拘束されていたため授賞式に出席できなかったのが、ミャンマーの国民民主連盟（NLD）党首アウン・サン・スー・チー（九一年受賞）だ。だが、同国の民主化進展で自由の身となったスー・チーは二〇一二年、二十一年越しにオスロを訪れ、ついに念願の受賞演説を果たした。百年を超すノーベル賞の歴史の中でも、二十一年の時を経た受賞演説は例がない。

ミャンマーで「建国の父」と呼ばれるアウン・サン将軍を父に持つスー・チーは、英オックスフォード大に留学し、一九七二年に英国人男性と結婚。息子二人をもうけ、英国で暮らしていたが、八八年に母親の看病のためミャンマーへ帰国した。軍事独裁政権への反対運動に加わり、NLDの書記長に就いた後、八九年に軍事政権によって自宅軟禁されてしまう。九〇年の総選挙ではNLDが圧勝を収めるが、軍事政権は結果を拒否。言論弾圧や人権侵害の状況に国際社会の懸念が高まる中、非暴力による民主化運動を支えようと、九一年にスー・チーへ平和賞が贈られたのだった。

その後も、解放されては拘束・軟禁されるという暮らしを繰り返したスー・チーは二〇一〇年に再び解放され、一一年にテイン・セイン大統領による新政府が誕生、民政移管がなされた後、一二年にNLD党首として連邦議会議員に当選してようやく渡航の自由を得た。

八八年の英国出国から二十四年ぶりの欧州訪問に、スー・チーの感慨はひとしおだった。「世界が以前とは全く違って見える。発見に次ぐ発見だ」。一二年六月十五日、オスロに到着し、高ぶる気持ちを記者会見でこう表現。「(受賞演説のためにオスロを訪問する）この日が来ることを信じていた。一度も疑ったことはなかった」と喜びを語った。

翌十六日のオスロ市庁舎は、歓喜に包まれた舞台にスー・チーが現れると、約九百五十人の出席者から惜しみない拍手が送られた。歴史的な受賞演説は、落ち着いた、しかし力強い声で始められた。

「自宅軟禁の間、隔絶された空間で暮らしていた私は、しばしば自分が現実の世界にいないような感じがしたが、ノーベル平和賞は私を再び現実世界に引き戻してくれた」
スー・チーは難民や少数民族など、世界で「忘れられる」存在があってはならないと訴え、「平和賞はビルマ（現ミャンマー）の民主化や人権の闘争を世界に知らせた。私たちが忘れられることはなかった」と高らかに語った。

一二年時点で、ミャンマーではまだ多くの政治犯が収容されていた。スー・チーは彼らを念頭に「私の姿を見て、話を聞き、『一人の政治犯も存在するべきではない』という繰り返し語られてきた真実を思い出してほしい」と呼びかけた。この訴えは、ミャンマーだけに向けられたものではないだろう。「世界の平和は一部だけをほかと切り離して実現することはできない。世界のどこかで負の勢力が正の勢力より優勢であれば、私たち全てが危険にさらされる」

ミャンマーはその後、政治の実権を選挙で勝利したスー・チーが握り、加速度的に民主化と経済発展の道を突き進んでいる。経済は発展したものの、民主主義とは相いれない、いやむしろ、市民の自由を圧殺する方向に動いている中国にこのメッセージはどう届いたのだろうか。第二のスー・チーとなることを期待された劉暁波《リユウシヤオボ》だったが、病に倒れ、一七年七月、瀋陽《シエンヤン》で死去した。六十一歳。中国民主化の日を見ることもない、無念の死であった。

†岸信介も平和賞候補に

日本人にノーベル平和賞を身近にしたのが、一九七四年に平和賞を受けた佐藤栄作元首相（一九〇一～一九七五）だ。非核三原則との関係を含めその功罪、賛否は後述するが、佐藤元首相の前に平和賞候補になっていた日本人がいたことは、意外に知られていない。佐藤元首相の兄で、安倍晋三首相の祖父である岸信介《のぶすけ》元首相（一八九六～一九八七）や、麻生太郎財務相の祖父の吉田茂元首相（一八七八～一九六七）らも推薦されていたのだ。

日本人が最初に平和賞候補になったのは、実に百年以上前の一九〇九年。有賀長雄《あるがながお》（一八六〇～一九二一）という明治、大正時代の国際法学者だ。有賀は大阪出身。日清戦争、日露戦争に法律顧問として従軍し、その後、早稲田大学教授などを歴任した。戦時国際法の研究が評価され、スイス・ベルン大学の教授によって推薦されていた。

一九二六、二七年には、約五百社の企業設立に関わり「日本近代経済の父」と呼ばれた渋沢栄一（埼玉県出身）が、日米関係の改善に寄与したことや慈善活動を理由に候補となった。推薦人は当時の加藤高明《たかあき》首相らだった。

第二次大戦後、五四～五六年と六〇年の四回候補となったのが、キリスト教の牧師で日本の社会運動家の草分けである賀川豊彦（一八八八～一九六〇）だ。賀川は明治時代末期に地元・神戸の貧民街で救貧活動に取り組んだ後、労働組合運動や農民運動も展開。一方で、欧米諸国でキリスト教の布教・伝道にも取り組み、その社会活動は国内外で高く評価された。それは、賀川を平和賞に推薦した面々からもうかがえる。五四年の推薦人は、四六年の平和賞受賞者である米国のエミリー・ボルチと、片山哲元首相。五五年と五六年はノルウェーの国会議員たち、そして六〇年は日本の国会議員たちだった。なお、作家でもある賀川は四七、四八年にはノーベル文学賞にも推薦されている。

岸元首相は六〇年に米国のスペサード・ホランド上院議員によって推薦された。六〇年は賀川と岸の日本人二人が候補になっていたことになる。岸は首相に就任した後、六〇年に日米安全保障条約を改定。国会での強行採決に激しい反対運動が起き、東大生の樺美智子さんが警官隊との衝突で死亡したことに象徴される「六〇年安保闘争」につながった。岸は六〇年七月に責任を取って内閣総辞職。岸がノーベル平和賞に推薦されていたことは、ノーベル賞委員会の史料が公開されたことで二〇一二年に初めて判明したが、もし六〇年当時に明らかになっていたとしたら、かなりの物議を醸したであろうことは想像に難くない。

その岸をホランド上院議員はいかなる理由で推薦したのだろう。記者はオスロのノーベル賞委員会に眠る公文書を開いた。

委員会が開示した推薦状を見てみると、同議員は岸が「世界中で軍縮と平和を提唱」し、「核兵器禁止に努力」したことを推薦理由に挙げている。日本国内での評価とは異なるため、違和感を覚える人が多いだろう。二〇一五年に日本の安全保障政策の大転換となる安保法制改正に取り組んだ安倍首相は、祖父である岸の影響を強く受けているとされる。安倍首相が安保法案の名称に掲げた「平和安全」「国際平和支援」という言葉と、岸がノーベル平和賞に推薦されていたという事実。多くの人が「平和」という言葉の意味を考えさせられるのではないか。

岸に次いで六三年には、仏教哲学者の鈴木大拙《だいせつ》（本名・貞太郎《ていたろう》、一八七〇～一九六六）が候補になっていた。鈴木は金沢市出身。英文で仏教についての著作を出版し、宗教関連の国際会議にたびたび出席、学習院大学教授などを歴任した。禅の思想を世界に広め、東西の異文化理解を通じて平和に貢献したとして、岸本英夫・東大教授が推薦していた。

†吉田茂の受賞運動

もう一人の「知られざる候補」が四六～四七年と四八～五四年にかけ五度にわたって内閣を組閣した吉田茂元首相だ。六五～六七年に日本政府内で吉田への平和賞受賞工作が展開されていたことが、ノーベル賞委員会の文書で分かっている。二〇一四年には、取材班の記者が外交史料館（東京）のファイルから政府作成の推薦状を発見。これまでは関係者の証言しかなかったが、裏付け史料が初めて見つかり、吉田が推薦されていたことが確認された。

推薦状は、五〇～六〇年代のノーベル賞関係の外交文書をまとめた「ノーベル賞関係雑件」に収められていた。六五年一月二六日の日付で、当時の佐藤栄作首相、椎名悦三郎《えつさぶろう》外相、横田喜三郎《きさぶろう》最高裁長官、オランダ・ハーグの仲裁裁判所裁判官を務めた栗山茂の四人の名前が連ねられている。吉田が太平洋戦争に反対して軍部に投獄されたことや、戦争を放棄する日本国憲法の制定など、戦後の日本の復興に努めた実績を列挙。五一年のサンフランシスコ講和条約と日米安保条約の締結に触れ、平和と自由、民主主義をもたらした「新しい日本の建国の父」とたたえ、「吉田氏は明らかに平和賞を受け取る価値がある」と結んでいる。

添付の推薦理由書では、吉田がアジア諸国への賠償金支払いや経済・技術的援助によって、各国と友好関係を築いたことを強調した。「アジアの平和と繁栄の促進に努力した」としている。首相退任後も英国のチャーチル元首相や米国のアイゼンハワー元大統領らと個人的な関係を維持し、平和運動に取り組んだことも付け加えている。さらに、それまでの平和賞受賞者がほぼ欧米に限られていると指摘し、「吉田氏が受賞すれば、現在のアジア情勢が世界平和に重要な関係を持っていることから、大きな意義がある」と訴えていた。ノーベル賞の歴史に詳しい高崎経済大学の吉武信彦教授は「この頃のノーベル賞委員会は賞のグローバル化を目指し、アジアに関心を深めていたと考えられ、その点をうまく突いている」と分析する。

吉田の受賞工作は政府ぐるみだった。吉田は六三年に政界を引退した後も「元老」として影響力を持ち続けており、この頃吉田と政府のパイプ役を務めた外務省職員の御巫清尚《みかなぎきよひさ》が、吉田の追想記の中で受賞工作の詳細を明らかにしている。「昭和四〇（一九六五）年一月末頃吉田氏にノーベル平和賞が授けられるよう各方面に働きかけを行うことが吉田氏の周辺や外務省幹部の間で話し合われた」「昭和四一（六六）年にはより力を入れて運動をすすめることが関係者の間で確認され、先ず一月一七日下田武三外務次官が（中略）推薦有資格者を招いて運動の進め方について協議した」

民間の立場からバックアップしたのが鹿島建設（現鹿島）の会長だった鹿島守之助《かじまもりのすけ》だ。鹿島は六六年に財団法人「鹿島平和研究所」をつくり、「鹿島平和賞」を創設。佐藤栄作が七四年にノーベル平和賞を受賞した翌七五年には、佐藤に第七回鹿島平和賞を贈っているのだが、佐藤はその授賞式で「鹿島平和財団でも吉田先生を（ノーベル平和賞に）推薦された」と言及している。なお、鹿島守之助の伝記によれば、鹿島平和研究所は七二年、鳩山一郎元首相の妻、薫を友愛運動を広めたことなどからノーベル平和賞に推薦したとされている。

吉田について日本側は、推薦三回目の六七年には受賞の可能性に手応えを感じていたようだ。吉田が駐英大使の時代に書記官を務めた「側近」の加瀬俊一《かせとしかず》・元国連大使は、七四年に月刊誌『自由』十二月号のインタビューで、自身も受賞工作に加わったことを明かした上でこう語っている。「（受賞工作の）三回目は吉田さんがもらえそうだというように、日本側は考えた」「（受賞発表の）寸前に吉田さんが亡くなってしまって、（中略）ご存命だったらもらえたんじゃないか」。この時代、ノーベル各賞の発表は現在の十月上旬よりも遅く、十月下旬だった。吉田は六七年十月二十日に死去。平和賞は同月三十日に発表されたが、「該当者なし」だったのだ。日本側にしてみれば「授賞を予定していた吉田元首相が直前に亡くなってしまったから、該当者なしだったのだろう」と思いたくなるわけだ。ただ、吉田が仮に存命でも、結論は変わらなかったようだ。ノーベル賞委員会の公開資料によれば、吉田は六五年に最終候補の一人に残っていたが、六七年に吉田へ授与しようとした形跡はない。

†佐藤受賞の裏側

吉田の受賞をかなえられなかった加瀬と鹿島守之助が次に狙いを定めたのが、吉田の「愛弟子《まなでし》」佐藤栄作だった。佐藤は六四〜七二年、戦後の首相としては歴代トップである七年八カ月の長期にわたって政権を運営。七四年のノーベル平和賞受賞は、「非核三原則」を提唱したことや、七〇年に核拡散防止条約に署名したことが評価されたものだった。

加瀬は佐藤の平和賞受賞が決まった後、前出の月刊誌インタビューで「吉田さんの次に資格のある人は、佐藤さんのほかない」「佐藤さんに（平和賞を）あげたらどうかと最初に具体的に言い出したのは、鹿島守之助さんです」と、そのいきさつを明かしている。

自民党参院議員も務めた鹿島は家族ぐるみで佐藤と付き合いがあった。『佐藤栄作日記』（朝日新聞社刊）には、鹿島の指示を受け、加瀬が佐藤の平和賞受賞に向けて外務省も巻き込んで画策した様子が書かれている。いくつか抜粋してみよう。

「加瀬俊一君の夫妻がやって来て鹿島君からい丶つけられたノーベル平和記念章に小生を推薦するとの事。詳細打合せをしてかへす」（七三年七月二十九日）

「（首相在任中の秘書官だった本野盛幸《もとのもりゆき》外務参事官に）ノーベル平和賞への推薦を加瀬俊一君と一緒にやって呉れ、然し噂にならぬ事と口止めをする」（七三年八月十三日）

「加瀬俊一君が打合せに来る。鹿島守之助氏の力の入れ方はすばらしい」（七三年十月一日）

鹿島へのお礼という意味なのか、赤坂プリンスホテルの改築をめぐり、西武グループ元総帥の堤義明に口利きしたという生臭いくだりもある。

「堤義明君の処を訪問して（中略）仕事の件で、鹿島建設を堤君に使って頂く様御願する。（中略）仕事の方は赤坂プリンスの改造に鹿島建設を使って貰ふ事。（中略）小生が顔を出したので効果あったかと思ふ」（七三年九月三日）

鹿島の意を受け、加瀬は精力的に根回しに動く。各国を訪れての推薦状集め、佐藤の英文の演説集出版……。受賞発表約一週間前の七四年十月上旬には、ノルウェーでノーベル賞委員会のオーセ・リオナス委員長（女性）らに直接会って口説いた。委員への直談判は〝掟破り〟の行為だが、加瀬は後に、新聞や前出の月刊誌インタビューで委員たちとの面会の様子を赤裸々に語っている。

「そういう話（平和賞の推薦）にしても、初めはいやがるけど、会ってしまえば話が進む」（月刊誌『自由』）

「『佐藤や日本のためではなく、委員会の名誉のために来た。なぜアジアに関心を持たないのか。賞がもっと権威を持つよう委員長は欠陥を直す義務がある』と説得した。彼女は最初『何を言っているのか』という顔だったが、話を聞くと『なるほど』とうなずき、最後は『同じ話を他の委員にもしてほしい』と言う。これで大丈夫と思った」（一九九四年十月十一日付毎日新聞夕刊）

かくして七四年十月八日、ノーベル賞委員会はこの年の平和賞を佐藤に贈ることを発表する。アムネスティ・インターナショナル元議長でナミビア担当国連高等弁務官のアイルランド人、ショーン・マクブライドとの同時授賞だった。

✝平和賞はアカの謀略？

ところが、佐藤の受賞はその露骨な受賞工作と合わせて国内外で大きな批判を巻き起こすことになる。非核三原則への佐藤の姿勢は当時から疑問視されていた上、ベトナム戦争で米国を支持したことから、日本では野党や反戦団体から「ブラック・ユーモアだ」などと冷めた声が上がった。さらに、米紙ワシントン・ポストとノルウェーの地元紙ダーグブラデットは同年十月十二日付の記事で、加瀬と鹿島の秘密工作を詳細に報じ、ダーグブラデットは「日本の大資本が平和賞を買った。委員会はだまされた」と、過激な表現で授賞に疑問を呈した。

外交史料館（東京）には、こうした報道に現地で直に触れた山中俊夫・駐ノルウェー大使（当時）の焦りが伝わってくる外交公電が残っている。山中大使は記事が出た翌十三日、本国に至急電を送り、報道内容を報告。十八日には再び極秘の至急電を打ち、「発表直後は一部に過ぎなかった委員会決定に対する批判は、佐藤氏のキャンペーン報道から委員会に対する非難攻撃となり、委員会及び平和賞のあり方や権威に対する疑問論すら現れるに至っている」「賞の価値自体に対する不信の念が強まりつつある情況」と強い危機感を示している。

そのうえで山中大使は「上記のような情況にかんがみ、この際佐藤前首相より直接、委員長あてに非核政策の一層の推進の決意表明があれば、委員会としても決定が正しかったことが証明されることにもなる」として、佐藤に書簡を送るよう提案した。

それに応えて十月二十三日付で佐藤の釈明の書簡が作成された。「親愛なる委員長殿。圧倒的多数の日本国民は受賞を大変喜んでおり、私の指揮のもとで平和政策を追求することに意を強くしている。どうか安心して頂きたい」。佐藤はそう書き、事態の沈静化を図っていた。

十二月十日の授賞式を控えたやり取りも、平和賞に対する日本政府や佐藤の見方がうかがえ、興味深い。十一月七日の山中大使の極秘至急電。

「ノルウェー国営放送内には左翼分子が多く、テレビ解説者の親中国派は佐藤氏に対する授賞には反対、ないし批判的である。授賞式の前に佐藤氏への授賞に何か不利なことを取材放送し、授賞に水を差そうとする恐れがあるので厳に注意を要する」

「(1)インタビューする者の氏名(2)質問事項をあらかじめ通報させ、それ以外の質問には答えられない旨を申し入れるべき」

露見すれば外交問題にもなりかねないような露骨な内容だが、佐藤も同様の受け止めをしていたようだ。『佐藤栄作日記』に次のような記述がある。

「(右翼団体「大日本愛国党」総裁の)赤尾敏《あかおびん》君。(中略)小生のノーベル賞受賞については赤の謀略だから気をつけろと注意する。ノーベル賞は彼が云ふ様な心配の面が全然ないとはいえない。自ら注意する事」(七四年十一月十一日)

「オスロの行事が今日から初《ママ》まる。即ち午前拾時には国営放送のインタビュー。大分左だから注意して答へてくれと「の」事だが余り気になる質問はなかった」(七四年十二月九日)

百年を超すノーベル賞の歴史の中でも、佐藤への平和賞授与は最も疑問視されている例の一つといえるだろう。二〇〇一年にノーベル賞委員会が賞創設百周年を記念して出版した『ノーベル平和賞　平和への百年』は、佐藤への授賞についてこう記している。

「佐藤氏はベトナム戦争で米政策を全面支持し、日本は米軍の補給基地として重要な役割を果たした。後に公開された米公文書によると、佐藤氏は日本の非核政策をナンセンスと言っていた」

佐藤の実際の政治姿勢と授賞理由との隔たりを指摘する内容だった。著者の歴史家三人のうちの一人、オイビン・ステネルセンは同年八月末の出版記念記者会見で「佐藤氏を選んだことはノーベル賞委員会が犯した最大の誤り」とまで言い切った。

授賞理由となった非核三原則は、さらにその後、実際には有名無実化していたことが次々と明らかになっている。〇九年には、佐藤が沖縄返還交渉中の六九年に有事の際の沖縄への核持ち込みに関する密約文書をニクソン米大統領と交わしていたことが判明。一〇年には、米国が日本に核を持ち込むことを容認する密約を六〇年の日米安保条約改定時に交わしていたことを政府が正式に認めた。

当時から疑義があったのに、ノーベル賞委員会が佐藤に平和賞を贈ったのはなぜなのか。百周年記念誌のもう一人の著者であるノルウェーの歴史家、アスレ・スベエンは〇一年の共同通信とのインタビューで、七三年に授与が決まった北ベトナムのレ・ドク・トが賞を辞退したことが要因となったことを指摘している。「委員会は翌年の選考で欧米中心だった受賞者のグローバル化を図るため、最初のアジア人を探していた。そこに日本から陳情キャンペーンがあったことが影響したのでは」と分析していた。

高崎経済大の吉武信彦は「委員会はアジア、日本の情勢について十分な理解を有していなかったのだろう。佐藤の受賞は、まさにノーベル平和賞がグローバルな賞になるための貴重な試練だったといえるかもしれない」と話す。

†不発に終わった対英外交ロビー

佐藤のノーベル平和賞受賞工作をめぐっては、意外なところでもその証拠が見つかった。ロンドンのナショナル・アーカイブ、英公文書館だ。ロンドン郊外キューガーデンにあるこの文書センターは、英国が大英帝国となる以前からの過去千年の歴史を記すあらゆる記録が保存されており、一般に公開されている。

その膨大な資料に埋もれた形で、一九七〇年代に、佐藤栄作の対英外交工作の記録があったのだ。A4用紙三十枚ほどで、英外務省と首相府幹部らが残した手書きのメモや、日本政府が英側に渡した、ノーベル賞委員会への推薦状のコピーで、日本では見つかっていなかった貴重な資料だ。それは、当時の田中角栄首相を含む主要閣僚が佐藤をノーベル平和賞に推薦、並行してウィルソン英首相（労働党）に対し、佐藤受賞に向け支持表明を要請していたことを記録していた。日本が政府全体で平和賞獲得に動いていたこと自体が興味深いが、さらに、英側は「佐藤氏には顕著な功績がない」として無視する方針を取ったことも判明した。

資料によると日本政府は七四年一月五日付けの推薦状で、ノルウェーのノーベル賞委員会に佐藤の推薦状を送付した。森治樹《はるき》駐英大使がヒース首相（保守党）に佐藤支持を要請した。二月の総選挙で労働党が勝利すると今度は、三月二十五日にウィルソン新首相の秘書官を通じて、支持を要請した。しかし、英外務省は即座に「佐藤氏の平和賞受賞支持を表明する必要はない」と判断、三月二十七日付けで秘書官がウィルソン首相に宛てた内部文書では「（英）外務省は、佐藤氏は著名な政治家だが、顕著な功績はないとみなしている」と指摘された。

実は英政府は当時、ノーベル平和賞で特定の候補者を支持しない基本方針を確立していたのだった。文書によれば、例外的に支持する場合もあるが、「佐藤氏はそうしたケースに該当しない」と記録されていた。

確認されたノーベル賞委員会宛ての推薦状は全文が英語で書かれている。田中角栄首相のほか福田赳夫《たけお》大蔵相、大平正芳《おおひらまさよし》外相ら当時の主要閣僚ら十六人が推薦人で、「佐藤栄作は首相として、核兵器をもたず、つくらず、もちこませずの非核三原則を樹立した」「佐藤政権は日本の飛躍的な経済発展を実現したにもかかわらず、長期的ビジョンに立ち、軍事大国への道を選択せず、経済力を平和樹立に注いだ」と功績を賞賛していた。

†平和賞はなぜノルウェーか

ノーベル賞はスウェーデンで選考が行われるが、平和賞だけはノーベルの遺言に基づき、ノルウェー国会が任命したノーベル賞委員会が選ぶ。なぜ平和賞だけをノルウェーに託したのか。遺言には記されておらず、はっきりしたことは分からないが、理由には諸説がある。

ノーベルが死去した一八九六年、両国は連合王国を形成していた。いわば兄弟国。ノルウェーが独立するのは一九〇五年のことだ。だから、ノルウェーに配慮し、賞を選ぶ栄誉を〝弟分〟に分け与えようとした、との見方が強い。ちなみに、ノーベルが遺言を書いたのは、パリの「スウェーデン＝ノルウェー・クラブ」だった。ノーベルは英語やドイツ語、フランス語、ロシア語も話し、各国を渡り歩いた国際人。偏狭なナショナリズムにとらわれるような人物ではなかった。

ノーベルがノルウェーについて、スウェーデンよりも強く平和を志向し、民主的だと見なしていたとの説もある。一八九〇年代、ノルウェー国会は国際紛争の平和的解決に強い関心を抱いていたとされる。ノルウェーは軍事的に弱小だったため、国家間の利害関係が影響しにくいと考えた可能性もある。

またノーベルが、ノルウェー人の詩人で、平和活動家でもあったビョルンスティエーネ・ビョルンソンに傾倒していたことが影響した、との見方も。ビョルンソンはノルウェー国歌の作詞者として知られ、一九〇三年にノーベル文学賞を受けている。

当初、スウェーデン側にはノルウェーで平和賞が決められることに異論もあった。だが、ノルウェー国会は平和賞の選考関与に前向きで、遺言の執行人から通知を受けた約一カ月後の一八九七年四月、役割を引き受けると決議した。スウェーデン側が他の各賞の選考引き受けを決める一年以上も前のことだった。

さて肝心の選考の中身だが、関係者によれば、毎年、夏前までに、二十から三十の候補に絞り込まれる。いくつかの候補がグループ分けされた上で、それぞれについて、報告書が作成される。「討議は非常に友好的なムードの中で行われ、机をたたき合うような議論ではない」のだという。

受賞者決定は多数決がルールだが、委員会は常に全員一致を目指している。もちろん議論が割れることはあり、多数決によって決まった受賞者もいた。ただし、詳細な記録は残さない。これまでに公開されている資料も、討議の日付や方向性などをまとめた簡単なメモだけだ。特定の候補者について、委員がどう発言したなどといった詳細情報は残されていない。その意味で、平和賞はやはり、機密性の高いベールに包まれたノーベル賞だと言える。

ノルウェーのノーベル賞委員会は、政治と関係がなく、中立を保っているというのが同国の公式見解だ。しかし、委員五人は国会が任命する。委員会は今も政党政治と無縁ではない。

創始期には、ノルウェー国会の現職議員が委員となり、平和賞を直接選んでいた。一九〇一～一九二二年に委員長を務めたヨルゲン・ルヴランのように、委員会での任期中に外相や首相を兼任する例も多く、ノルウェー政府が選考を担っているも同然だった。にもかかわらず、平和賞が一定の国際的評価を得たのは、ルヴランが属していた自由党がスイスのような中立国を目指し、大国間の利害に関与せず、国際紛争の調停に熱心だったからだろう。当時、国会や政権を主導していた自由党は、委員会でも中核を占めていた。

委員会がノルウェー政権と一定の距離を置く必要に迫られたのは、一九三五年にナチス支配下だったドイツの反戦ジャーナリスト、カール・フォン・オシエツキへの授賞を発表した時だった。オシエツキはドイツがベルサイユ条約に反して軍拡を進めていることを暴露。反逆罪で投獄されていただけに、発表はヒトラーを激怒させた。この際、外相ハーフダン・クートは委員会から退いた。クートはオシエツキへの授賞に消極的だったといわれる。これを機に、現職閣僚を委員にしないとの方針転換を国会が決めた。

一九七三年、別の意味での〝スキャンダル〟が、委員会にさらなる変革をもたらした。委員会はベトナム和平協定への調印を理由に、米国の国務長官ヘンリー・キッシンジャーと北ベトナムのレ・ドク・トへの授賞を発表。だがレ・ドク・ト氏は辞退。北ベトナムに対して容赦ない空爆を行った米国の閣僚への授賞にノーベル賞委員二人が抗議して辞任し、国際世論からも激しい批判を浴びた。この結果、一九七七年に現職議員の委員兼任も禁止。旧名の「ノルウェー国会ノーベル賞委員会」は現在の名称に変更され、政治との分離が進んだ。

とはいえ、委員会は現在も、引退したノルウェーの有力政治家の〝花道〟となっている。いわば名誉職だ。委員の任命権は、国会での議席の比率に応じ、各政党に割り当てられているのが実態。ノルウェーは二〇一三年の総選挙で保守党主導の中道右派政権が誕生した。これに伴い、ノーベル賞委員会も中道右派が任命した委員に主導権が移った。左派の労働党出身のヤーグランは委員長続投に意欲的だったが、委員会で多数派を形成できず、二〇一五年、通常の委員に異例の降格となった。後任の委員長には、貿易・海運相を経験し、二〇〇三年から委員を務めるカーシ・クルマンフィーベ元保守党党首が選ばれた。

ヤーグランは欧州などの四十七カ国が加盟する欧州会議の事務局長も兼任してきた。加盟国であるロシアに配慮し、同国の民主活動家らへの授与を避けてきたのではないかとの臆測もある。誰からも文句が出ないように、中立を保つのは難しい。一方でノーベル賞委員会のメンバーを賞目当てに買収するのは「まったく無駄だ」と関係者は確信をもって口をそろえる。「ノルウェー人にとって、委員になるのは何にも代え難い名誉であって、その重さはもはやカネで買えるようなレベルのものではない」ということらしい。

これまでの委員は全員がノルウェー人。ただ、ノーベルの遺言には、ノルウェー人に限るとは明記されていない。ノルウェー政界や専門家の間では、国外からも委員を登用すべきだとの声が出ている。また、引退した有力政治家が委員会の中核となる人選を改め、中立性を高める案も提唱された。だが、こうした改革は実現せず、委員会は旧来の体質を引きずっている。

†受賞レース彩る個性派「候補」たち

ノーベル平和賞の受賞者を予想するのは困難で、そのくせ楽しい作業だ。なぜなら、その過程では思いもかけぬ名前との出会いがあるからだ。ブックメーカーの予想欄を見るだけでも、常連候補からトンデモ候補まで、実に多彩な名前が並んでいる。

もちろん、ノーベル賞の候補者は五十年間にわたって秘密であることを鑑みると、推薦人が例外的に公表する場合を除けば、彼らが本当に候補であるかどうかは分からない。それでも、人々は毎年、多くの名前を「候補」として挙げ、予想し合う。そこには、各人が考えるさまざまな「平和」の形が透けて見える。人によって異なる平和の定義。それは「誰もが納得する平和賞」を実現することが極めて難しい理由でもある。

近年、物議を醸している候補として真っ先に挙げられるのは、米英当局などによる個人情報収集の実態を暴露した米中央情報局（ＣＩＡ）元職員のエドワード・スノーデンだろう。二〇一三年六月、スノーデンは欧米メディアと連携し、米英政府が市民の通話記録やインターネット上の個人情報を大量に収集していることを暴露。米司法当局にスパイ活動取締法違反などの疑いで訴追され、ロシアに亡命した。

翌一四年の一月。ノルウェーの国会議員二人が、スノーデンを平和賞候補として推薦したと公表したのだ。推薦理由は「情報収集活動を明るみに出すことで市民の議論を促し、より安定し平和な世界秩序の構築に貢献した」というものだった。

情報公開が民主主義社会の発展に資するという視点での推薦は、これだけではない。米軍機密文書などを暴露した内部告発サイト「ウィキリークス」の創設者ジュリアン・アサンジや、ウィキリークスに機密情報を漏らしたとしてスパイ活動取締法違反で有罪となり、禁錮三十五年の刑に服している米陸軍兵士ブラッドリー・マニング（現在はチェルシー・マニングに改名）も、これまで複数回にわたって平和賞候補として推薦されている。

もちろん、候補になることと受賞者になることは全く別物だ。これまでのところ、選考主体のノーベル賞委員会がこれらの候補をどれだけ真剣に検討しているかについて確たる情報はない。ただ、どの候補も米国からは明確に「裏切り者」の烙印を押されている人物であり、親米のノルウェーにとって選考の障害となるのは間違いないだろう。

アサンジはスウェーデンでの性犯罪容疑で英警察に逮捕され、英最高裁によってスウェーデンへの移送を命じられた。しかし保釈中にロンドンのエクアドル大使館に駆け込み亡命を申請し、一二年から籠城生活に入った。不自由な大使館暮らしに耐えたのは、いったんスウェーデンに行ってしまえば、公電暴露の責任を追及する米国に引き渡される可能性が高いとの恐怖心からだった。

そもそも、ノーベル賞委員会は〇九年にオバマ米大統領に平和賞を授けている。これらの「告発者」に授賞することは、その米国を敵に回す極めて政治的な決断になる。近年は「非常に政治的」との評判が立っている平和賞だが、米国とノルウェーの良好な二国間関係を考慮すれば、ノルウェーにとって米国との関係を悪化させることにメリットはなく、平和賞を授ける可能性は極めて低いと言わざるを得ない。

一方で、これらの告発者の存在が平和社会の実現にプラスの影響を与えると考える人々が多数存在しているのも、また事実だ。英紙ガーディアンが一四年に行った「誰が平和賞にふさわしいか」という選択式のインターネット調査では、スノーデンがマララを押さえて一位となった。ガーディアンはスノーデンと当初から連携し、米英による個人情報収集の実態を中心的に報じたメディアだという点を差し引いても、根強い支持があることが分かる。

またスノーデンは一四年、「第二のノーベル賞」とも呼ばれるスウェーデンのライト・ライブリフッド賞を受賞した。授賞理由は「民主主義的手続きや憲法上の権利を侵害する未曾有の規模の監視の実態を暴いた、その勇気と手腕に対して授与する」というものだった。

アサンジ、マニング、スノーデン……。これらの告発を「国家権力によるプライバシー侵害に対抗し、平和社会の実現に資する」とみなす考え方は世界的に一つの潮流となりつつある。将来的に、もしこのテーマの下で「より政治色が薄い候補」が現れた場合、ノーベル平和賞の選考でも真剣な検討対象となる可能性はあるだろう。

毎年のようにブックメーカーで名前が挙がる他の「異色候補」としては、バンド「U2」のボーカリスト、ボノが挙げられる。アフリカの貧困やエイズなどの問題に長年取り組んでおり、音楽を通じた慈善活動が評価されるのではないか、との思惑からだ。

一九八〇年代にアフリカ飢餓の救済資金を集めるため慈善プロジェクト「バンド・エイド」を結成したり、大規模な慈善コンサート「ライブ・エイド」を開催したりしたことなどで知られるミュージシャンのボブ・ゲルドフも同様に候補として取り沙汰されている。

一六年に歌手として初めて文学賞を受賞し、大きな話題となったボブ・ディランも、それまではずっと、なぜか毎年のように名前が挙がる異色候補としての位置付けだった。どれだけ真剣な考慮対象になるかはさておき、そのうち誰かが「平和賞はトランプ米大統領に……」なんて言い出すかもしれない。

コラム　平和賞、記者の大胆予測

長年、記者たちは平和賞発表に振り回され続けてきた。中でも二〇〇九年の発表は今もメディア業界では語り草だ。

その年の欧州の専門家やブックメーカーの間で、有力候補として浮上していたのは、ムガベ大統領の独裁的な体制が続くジンバブエで旧野党を率い二月に連立政権を樹立したツァンギライ首相らの名前だった。ただ、ノーベル賞ウォッチャーの一致した意見は、「飛び抜けた有力候補はいない」。本命不在の選考レースであった。

発表は例年通り、十月九日、日本時間の夕方、オスロで行われた。慣例によりまずはノルウェー語で、続いてすぐに受賞者の名前が読み上げられる。コンマ五秒を争う速報合戦で、その日共同通信外信部のノーベル賞担当記者たちは、インターネットで生中継された発表風景を見守った。理解できないノルウェー語に続いてかすかに響いた選考委員長の声は「バラク……」。

記者たちは顔を見合わせた。「バラク」「オバマだっ！」一人が叫ぶ。会社全体が騒然となった。「速報番外から一報、横顔の送信と編集幹部から矢のような催促。バラク・オバマの受賞予定原稿が申し訳程度にあったので、編集幹部の雷は落ちなかったが、危ないところだった」と担当デスクは後日、青ざめた顔で振り返る。わずか九カ月前に就任し、平和実現に関しては何の実績もないアメリカの大統領にいきなり平和賞授与など驚天動地の出来事だった。

今世紀に入ってからの平和賞の傾向を振り返ってみよう。二〇〇〇年の韓国大統領、金大中《キムデジュン》はアジアの民主主義と人権の発展が理由で、アジアの世紀を迎えるとされた時期にふさわしいと評価された。平和賞創立一世紀を記念する〇一年は、国際連合のコフィ・アナン、翌年はキャンプデービット交渉を代表に中東和平への努力が認められた元米大統領のジミー・カーターと、ビッグ・ネームが続く。これはある意味、だれもが納得できる手堅い選択と言えた。ところが〇三年にはイランの人権活動家の女性、シリン・エバディに白羽の矢が立つ。〇四年の選択は受賞後の日本でも「もったいない」キャンペーンで知られる人権活動家、ワンガリ・マータイであった。いずれも世界的には無名の存在だった。ノルウェーのノーベル賞委員会には一定のサイクルがあり、誰もが知っている人物や団体を選ぶ時期と、予想を覆す無名の人物や団体を選ぶ時期が交互に繰り返されるのだ。

委員会がそうした傾向の恣意性を認めることはないが、無名な人々を選ぶ背景には、賞賛のスポットライトを浴びない地道な活動にも光を当てたいという意思が働いている。近年では燻し銀の平和外交官、フィンランドのマルッティ・アハティサーリ（〇八年）や化学兵器禁止機関（一四年）が好例だろう。

ノーベル賞委員会には出し抜かれてばかりの記者としては、一矢報いたいという願いもあり、将来の有力候補を大胆に予測してみたい。一四年にはパキスタンの女性人権活動家、マララ・ユスフザイとインドのカイラシュ・サトヤルティであった。一五年には、南米出身で、貧者を愛し教会改革への意欲も強いローマ法王フランシスコとの下馬評が高かったが、結局は、中東民主化運動「アラブの春」後のチュニジアで敵対する各勢力を仲介し、民主化進展に貢献した民間四団体による「国民対話カルテット」が選ばれた。

この年の十一月に起きたパリ同時多発テロや、過激派組織「イスラム国」の脅威などに直面する国際情勢を見れば、先見性に富んだ選択であった。ノーベル賞委員会のクルマンフィーベ委員長は、十二月十日の授賞式で、欧州に押し寄せる中東からの難民の状況に触れ「チュニジアのように全ての国が寛容や民主化への道を切り開けば、祖国を出る人々はずっと少なくなっていた」と演説。カルテットの手法が、難民を生む国々の模範になると功績をたたえた。

二一世紀の受賞者をみると、アフリカ、中東、アジア、アメリカに集中している。だが今最も危険な地域の一つが抜けている。言わずと知れたロシアとその周辺だ。ロシアのプーチン大統領によるクリミア半島併合によって、第二次大戦後、旧ユーゴスラビア諸国を除いては平和を謳歌してきた東欧や北欧地域などロシアと国境を接する地域の安全保障が脅かされている。ノーベル賞委員会はこの地域に確実にメッセージを発したがっている。この意味で、ロシアの人権活動家や団体が授与対象になる可能性は年々高まっていく。二〇二〇年までにはロシアから平和賞が生まれるのは間違いない。

もう一つは、実は平和賞がまだ正面からは取り組んでいない分野で、情報の安全保障という新しい問題だ。米国の国家安全保障局（ＮＳＡ）や英国の政府通信本部（ＧＣＨＱ）による、市民の通信傍受はもはや公然の行為となっているが、これほど国家が個人の生活を覗き見する時代を人類は経験したことがない。各国政府側はテロ組織との闘い、すなわちテロ行為の予防上の必要性を強調するものの、個人の権利を踏みにじった平和にどれほどの意味があるのかという議論は日々高まっている。

ただし問題は、この分野で誰もが平和貢献を認められるような人物が現れていないということだ。前述の通り、米政府の外交文書を公開してセンセーションを巻き起こしたウィキリークスの代表ジュリアン・アサンジやＮＳＡなどによる活動を暴露した米中央情報局（ＣＩＡ）元職員のエドワード・スノーデンを有力視するウォッチャーも多い。ただし、この二人はあまりにも政治的に強い波紋が予測されるだけに、ノーベル賞委員会も二の足を踏むのは確実だ。

我々の知る限り、委員会は批判にもかかわらず、「平和」の定義の拡大に熱心であり、アサンジやスノーデン以外に、地道な活動で市民情報の権利を守る人物や団体が浮上すれば、委員会は嬉々としてメダルを授けるだろう。

【平和賞受賞者一覧】

一九〇一年　J・H・デュナン（スイス）、F・パシー（フランス）
一九〇二年　E・デュコマン（スイス）、C・A・ゴバ（スイス）
一九〇三年　W・R・クリーマー（英）
一九〇四年　国際法学会（ベルギー）
一九〇五年　B・フォン・ズットナー（オーストリア）
一九〇六年　T・ルーズベルト（米）
一九〇七年　E・T・モネタ（イタリア）、L・ルノー（フランス）
一九〇八年　K・P・アーノルドソン（スウェーデン）、F・バイエル（デンマーク）
一九〇九年　A・ベールナルト（ベルギー）、P・エスツールネル・ド・コンスタン（フランス）
一九一〇年　国際平和局（スイス）
一九一一年　T・アセル（オランダ）、A・フリート（オーストリア）
一九一二年　E・ルート（米）
一九一三年　H・ラ・フォンテーヌ（ベルギー）
一九一四年　受賞者なし
一九一五年　受賞者なし
一九一六年　受賞者なし
一九一七年　万国赤十字社（スイス）
一九一八年　受賞者なし
一九一九年　T・W・ウィルソン（米）
一九二〇年　L・ブルジョア（フランス）
一九二一年　K・ブランチング（スウェーデン）、C・ランゲ（ノルウェー）
一九二二年　F・ナンセン（ノルウェー）
一九二三年　受賞者なし
一九二四年　受賞者なし
一九二五年　J・A・チェンバレン（英）、C・G・ドーズ（米）
一九二六年　A・ブリアン（フランス）、G・シュトレーゼマン（ドイツ）
一九二七年　F・ビュイソン（フランス）、L・クウィッデ（ドイツ）

一九二八年　受賞者なし
一九二九年　F・B・ケロッグ（米）
一九三〇年　N・セーデルブロム（スウェーデン）
一九三一年　N・M・バトラー（米）、J・アダムズ（米）
一九三二年　受賞者なし
一九三三年　N・エンジェル（英）
一九三四年　A・ヘンダーソン（英）
一九三五年　C・フォン・オシエツキ（ドイツ）
一九三六年　C・サーベドラ・ラーマス（アルゼンチン）
一九三七年　R・セシル（英）
一九三八年　ナンセン国際避難民事務所（スイス）
一九三九年　受賞者なし
一九四〇年　受賞者なし
一九四一年　受賞者なし
一九四二年　受賞者なし
一九四三年　受賞者なし
一九四四年　国際赤十字社（スイス）
一九四五年　C・ハル（米）
一九四六年　J・R・モット（米）、E・G・ボルチ（米）
一九四七年　米国クエーカー教徒奉仕委員会（米）、フレンド教徒奉仕団理事会（英）
一九四八年　受賞者なし
一九四九年　J・ボイド・オア（英）
一九五〇年　R・J・バンチ（米）
一九五一年　L・ジュオー（フランス）
一九五二年　A・シュバイツァー（フランス）
一九五三年　G・C・マーシャル（米）
一九五四年　国連難民高等弁務官事務所（UNHCR）
一九五五年　受賞者なし
一九五六年　受賞者なし
一九五七年　L・B・ピアソン（カナダ）
一九五八年　D・G・ピール（ベルギー）
一九五九年　P・J・ノエルベーカー（英）
一九六〇年　A・ルツリ（南アフリカ）
一九六一年　D・ハマーショルド（スウェーデ

ン）
一九六二年　L・ポーリング（米）
一九六三年　赤十字国際委員会（スイス）、赤十字社連盟
一九六四年　M・L・キング（米）
一九六五年　ユニセフ（国連児童基金）
一九六六年　受賞者なし
一九六七年　受賞者なし
一九六八年　ルネ・カサン（フランス）
一九六九年　ILO（国際労働機構）
一九七〇年　ノーマン・アーネスト・ボーログ（米）
一九七一年　ウィリー・ブラント（ドイツ）
一九七二年　受賞者なし
一九七三年　ヘンリー・A・キッシンジャー（米）、レ・ドク・ト（北ベトナム）＝レ・ドク・トは辞退
一九七四年　佐藤栄作（日本）、ショーン・マクブライド（アイルランド）
一九七五年　アンドレイ・サハロフ（ソ連）
一九七六年　ベティ・ウィリアムズとメイリアド・コリガン（ともに北アイルランド）
一九七七年　国際アムネスティ（政治犯救済国際委員会）
一九七八年　アンワル・アル・サダト（エジプト）、メナヘム・ベギン（イスラエル）
一九七九年　テレサ・ボヤジュー（インド）
一九八〇年　アドルフォ・ペレス・エスキベル（アルゼンチン）
一九八一年　国連難民高等弁務官事務所（UNHCR）
一九八二年　アルバ・ミュルダール（スウェーデン）、アルフォンソ・ガルシア・ロブレス（メキシコ）
一九八三年　レフ・ワレサ（ポーランド）
一九八四年　デズモンド・ツツ（南アフリカ）
一九八五年　核戦争防止国際医師の会
一九八六年　エリ・ウィーゼル（米）
一九八七年　オスカル・アリアス・サンチェス（コスタリカ）
一九八八年　国連平和維持軍

一九八九年　ダライ・ラマ一四世
一九九〇年　ミハイル・ゴルバチョフ（ソ連）
一九九一年　アウン・サン・スー・チー（ミャンマー）
一九九二年　リゴベルタ・メンチュ（グアテマラ）
一九九三年　ネルソン・マンデラ、フレデリク・デクラーク（ともに南アフリカ）
一九九四年　イツハク・ラビン（イスラエル）、シモン・ペレス（イスラエル）、ヤセル・アラファト（パレスチナ）
一九九五年　パグウォッシュ会議、同会議会長ジョゼフ・ロートブラット（英）
一九九六年　カルロス・フィリペ・シメネス・ベロ（東ティモール）、ジョゼ・ラモス・ホルタ（ポルトガル）
一九九七年　地雷禁止国際キャンペーン（ICBL）、ジョディ・ウィリアムズ（米）
一九九八年　ジョン・ヒューム、デーヴィッド・トリンブル（ともに英・北アイルランド）
一九九九年　国境なき医師団（MSF）
二〇〇〇年　金大中（韓国）
二〇〇一年　国際連合、コフィ・アナン事務総長（ガーナ）
二〇〇二年　ジミー・カーター（米）
二〇〇三年　シリン・エバディ（イラン）
二〇〇四年　ワンガリ・マータイ（ケニア）
二〇〇五年　国際原子力機関（IAEA）、ムハンマド・エルバラダイ事務局長（エジプト）
二〇〇六年　グラミン銀行、創設者ムハマド・ユヌス（バングラデシュ）
二〇〇七年　気候変動に関する政府間パネル（IPCC）、アル・ゴア（米）
二〇〇八年　マルッティ・アハティサーリ（フィンランド）
二〇〇九年　バラク・オバマ（米）
二〇一〇年　劉暁波（中国）
二〇一一年　エレン・サーリーフ（リベリア）、リーマ・ボウイー（リベリア）、タワックル・カルマン（イエメン）

二〇一二年　欧州連合（ＥＵ）
二〇一三年　化学兵器禁止機関（ＯＰＣＷ）
二〇一四年　マララ・ユスフザイ（パキスタン）、カイラシュ・サトヤルティ（インド）
二〇一五年　国民対話カルテット（チュニジア）
二〇一六年　ファン・マヌエル・サントス（コロンビア）
二〇一七年　核兵器廃絶国際キャンペーン（ＩＣＡＮ）

第四章
経済学賞
——批判が尽きない理由

国際金融経済分析会合に臨む、安倍晋三首相(右)とポール・クルーグマン米プリンストン大名誉教授(左端)。首相はノーベル経済学賞を受けた同教授の権威を利用したと批判された(写真提供:共同通信社)

†後発の賞

「賞の創設当時は素晴らしい考えだと思った。経済は人類にとって極めて重要だということに反論する人はあまりいない。経済学の進歩に貢献した人に贈るノーベル賞をつくる。素晴らしい考えじゃないか。だが、二十年ほど経ち、受賞者の顔触れを見るにつれ、賞に値する経済学者がほとんどいなかったことに気づいたんだ」。ストックホルム郊外、二〇一四年夏。白樺の林に囲まれた自宅で、老人は語り始めた。老人の名はキエルオロフ・フェルト。一九八三年から七年余りにわたってスウェーデンの財務大臣を務めた大物政治家だ。当時の社民党政権のキーパーソンとされ、その重鎮ぶりは、一九八九年の昭和天皇の大喪の礼にスウェーデン首相の名代として参列したことからもうかがえる。

経済学賞とその他のノーベル賞との決定的な違いは、経済学賞だけはアルフレド・ノーベルの遺言に記されていなかったことだ。経済学賞は、一九〇一年から始まったノーベル賞の歴史に、六八年に新たに付け加えられた後発の賞だ（第一回授賞は六九年）。世界最古の中央銀行であるスウェーデンリクスバンクの三百周年を記念して創設された。

当時、スウェーデン中銀の統治委員会委員長として賞の創設に関わったフェルトは「記念事業として碑を建てるとか、いろいろな案があった中で浮かんだのが、新たなノーベル賞をつくる、という案だった。これならずっと後世まで銀行の名を残すことができると、みな喜んだよ」と振り返る。スウェーデン中銀が賞金や選考のための経費を負担し、賞は始まった。

ここでも「ノーベル賞」ブランドの威力は絶大だった。創設されると同時に、経済学における世界最高の栄誉となった。受賞した学者にはメディアの取材が殺到し、当人は経済問題から政治、社会問題に至るまで、ほかの賞ではおよそ考えられないほどの権威を手にした。もちろん、ほかの賞と同様、受賞を目指す大学や研究機関、政府からの働きかけが列をなした。「当時の総裁はどこに行っても王侯貴族のような待遇を受け、大いに満足していた」とフェルトは回想する。

ノーベル経済学賞の正式名称は「アルフレド・ノーベル記念スウェーデンリクスバンク経済学賞」(The Sveriges Riksbank Prize in Economic Sciences in Memory of Alfred Nobel)。ノーベルの名を冠してはいるが、厳密にはノーベル賞という名前ではない。ノーベル賞の公式サイトにも、よく見ると「経済学賞はノーベル賞ではない」と明記されている。だが、スウェーデン王立科学アカデミーによる選考から賞金の額、授賞式での講演やさまざまなしきたりまで、他のノーベル賞と一切変わりなく扱われている(ただし前述のように、賞金の拠出者は今でもスウェーデン中銀である)。ストックホルムの旧市街にあるノーベル博物館での展示スペースも、他の賞と比べて全く劣らず、むしろ、経済学賞が正式なノーベル賞ではないということを認識することの方が不可能な作りとなっている。「メディアは経済学賞をノーベル賞だと事実誤認して報じている」という批判が欧米でも日本でも時折なされるが、細かい定義はどうあろうと、実態として経済学賞を「六番目のノーベル賞」として位置付けているのは、ほかならぬノーベル財団だと言っていい。

経済学賞の置かれた極めてあいまいな位置付けは、「アルフレド・ノーベル記念経済学賞」（一九六九、七〇年）、「経済学賞」（七一年）、「アルフレド・ノーベル記念スウェーデン国立銀行経済学賞」（七二年）、「アルフレド・ノーベル記念経済学賞」（七三年〜九〇年。日本語に訳すと差はないが、英語表記は微妙に変わる）など、変遷を重ねた名称からもうかがい知ることができる（ノーベル財団は取材に対し「過去長年にわたり、不幸にして英語表記がぶれたことは事実だが、それは正式名称が長いためだ」と回答している）。

†批判の嵐

経済学賞はこれまで、経済学の分野における世界最高の賞としての権威を誇ってきた一方で、批判の嵐にさらされてきたと言っても過言ではない。冒頭のフェルトも批判する側に回った一人だ。フェルトは一九九二年、地元紙に賞の存在価値を疑問視する論文を寄稿。創設の当事者の一人による批判は話題を呼んだ。経済学徒を自認し、経済政策の中枢に長らく身を置いてきたフェルトは「私の考えでは、ノーベル経済学賞に真に値したのはケインズだけだ」と持論を語る。なお、二十世紀の経済学や経済政策に絶大な影響を与えた英国の経済学者ジョン・メイナード・ケインズは、四六年に死去している。存命中の人物にしか賞は与えないとするノーベル賞の決まりに従い、受賞していない。

批判は大きく二つに分けられる。

一つは、賞の選考に偏向がみられるという批判だ。たしかに、ノーベル経済学賞は新自由主義ないし新古典派と呼ばれる経済学者たちに与えられることが多い。新自由主義は政府による干渉を極力排し、自由な市場の働きに任せることを最重視する。一九六九～二〇一六年の受賞者七十八人のうち、新自由主義の総本山とされるシカゴ大学の教員や卒業生（「シカゴ学派」と総称されることが多い）は、最も多い二十八人を占める。自然科学系で最も多いノーベル賞受賞者を輩出している教育・研究機関の一つであるハーバード大ですら、これまでの受賞者は十人にとどまっていることからも、突出ぶりは明らかだろう（受賞者数の認定は各大学による）。

ノーベル経済学賞を受賞した新自由主義の代表的学者にはフリードリヒ・A・フォン・ハイエク（七四年受賞）やミルトン・フリードマン（七六年受賞）が挙げられる。いずれもシカゴ大の教授を務め、経済学の教科書に頻繁に登場する名前だが、彼らや後に続いたシカゴ学派の経済学者たちは、社会保障や所得税の累進課税に徹底して否定的な論陣を張った。フリードマンが受賞した際は、当時、強権的な弾圧で国際社会から非難を浴びていたチリのピノチェト軍事政権の政策顧問的な役割を務めていたとして、ストックホルムの路上でデモが起きたほか、ノーベル平和賞や医学生理学賞の過去の受賞者からも反対運動が起きている。

また、新自由主義を重んじる選考委員会の立場を反映してか、これまでの経済学賞はほとんどが米国人と英国人に贈られており、アジアからの受賞はインド人で、途上国の貧困問題を専門とするアマルティア・セン（九八年）のみだ。当然、マルクス経済学の学者の受賞はない。旧ソビエト連邦出身の経済学者はサイモン・S・クズネッツ（七一年）、ワシリー・W・レオンチェフ（七三年）、レオニード・V・カントロヴィチ（七五年）の三人がいずれも七〇年代に受賞しているが、前者二人は米国に移住している。唯一カントロヴィチのみが純粋に共産圏の経済学者だが、授賞理由となった「線形計画法」と呼ばれる資源配分の最適化に関する研究は、マルクス経済学とは関係なく、同じ研究が米国でもされていた。

もう一つの批判は、そもそも経済学は、自然科学のような再現性もなければ、ある発見の上に別の発見が打ち立てられて進歩を重ねる学問でもないというものだ。社会科学として政治学や歴史学、あるいは社会学と同系統に属しており、物理学や化学と同列に扱うこと自体がおかしいということになる。ノーベル経済学賞の対象となる「発見」は、高等数学を駆使した景気循環の予測など、一見もっともらしく見えるが、実際には非現実的で実用の余地が極めて限られているものが少なくない。

もちろんノーベル賞には文学賞も平和賞もあるが、数式を多用した授賞理由の説明は明らかに「科学」としての位置付けであり、選考主体も物理学賞、化学賞と同じスウェーデン王立科学アカデミーだ（文学賞はスウェーデン・アカデミー、平和賞はノルウェー・ノーベル委員会が選んでいる）。

賞への批判としては、後者の方がより本質的だろう。経済学は数式が多く登場し、研究対象も数字で表せる最たるものであるお金そのものだったり、何らかのかたちでお金と関わりのある事象だったりするため、物理や生物、化学といった自然科学という意味での科学と混同されることが多い。しかし、「再現可能性」、つまり、誰がいつ検証を試みても、同じ条件下ならば同じ結果が得られるという、一般的な「科学」の条件を当てはめるならば、経済学はとうてい科学とは言いがたい。人間の営みである経済現象は実験室で再現できるものではなく、全く同じ状況など二つとして存在しないからだ。

一例を挙げると、一般的なミクロ経済学で最初に学ぶ事柄の一つに、「需要曲線」がある。モノであれサービスであれ、財物の価格は下がれば下がるほど需要は増え、逆に上がれば上がるほど需要は減るという法則を視覚化したグラフで、多くの経済理論の基本中の基本とされる。この法則はたしかに多くの場合、経験的に正しいものの、常に例外がある。売り手が高級感を演出するために、あえて高い値段設定にすることでかえって数量が売れる場合などだ。あるいは、たとえば食品メーカーが偽装表示で消費者の信頼を失った場合など、いくら値段を下げても売り上げの減少に歯止めがかからないといったケースも、現実の経済ではいくらでも観察される。

いずれも、影響を与える要素の数が多すぎて、同じ条件の再現は不可能だ。また、主流の経済理論の大半では、人間や企業はどういったリスクに対してどのような成果が期待でき、何が自分にとって得なのかを把握、計算した上で合理的に行動することを大前提に据えている。だが、当然ながら現実の世界では、人間は常に合理的に行動するとは全く限らない。同じ刺激に対しても、状況次第で違う反応を返すことがしばしばあるのが人間だ。

より現実的な経済政策への応用を考えてみよう。一例を挙げると、日本で過去十年以上繰返されている経済論争の最も大きなものの一つに「財政再建派」対「リフレ派」（かつては上げ潮派とも呼ばれた）の対立がある。先進国で最悪水準の借金を抱えた日本の財政をどう立て直し、経済を成長軌道に乗せるかをめぐるものだが、財務省を先頭とする多くの政策当事者は、増税や社会保障費の削減で財政を再建するべきだと主張する財政再建派だ。これらの人々は、日本が本気で財政再建を目指さず、人々が社会保障制度の持続可能性（たとえば年金が何十年後もきちんともらえるか）に疑問を持っているため、お金があっても消費せずに貯蓄に勤しみ、経済は活性化しないと訴える。消費税などの増税で社会保障制度を盤石にすることこそ、経済発展の基礎となるとの考え方だ。

これに対し、リフレ派と呼ばれる有識者は、景気を冷え込ませる増税などの措置はとらずに、大規模な金融緩和と財政出動によって経済を膨らませる（＝リフレイトする）ことで、税収増加を通じて自然と財政再建は実現するとの立場だ。

この対立は、国家の経済財政運営をめぐる最も根本的なものだが、どちらかが正しいと証明できる経済学の理論というものは存在しない。過去のノーベル経済学賞受賞者全員に聞いても、どちらのアプローチを取るべきなのか、答えは分かれるだろう。さらに、財政再建派の間でも、社会的公平を重視して富裕層への増税を優先すべきなのか、あるいは年金などの社会保障に切り込むことを優先すべきなのか、こうなると問題は理論的正しさというよりも政治的理念の対立になってくるが、いずれにせよどれが最適な方法だということを理論的に証明することはほぼ不可能だ。

どちらかの説を完全に採用して経済運営をして成功（あるいは失敗）しても、それが経済理論の正しさの結果なのか、それとも別の外部要因（世界的な景気の波や人口動態の変化など）によるものなのか、特定するのは極めて難しい。

こうした経済学の弱点を突いて賞の存在を批判したのが、ほかならぬスウェーデン王立科学アカデミーのメンバーでもあるシャルメッシュ工科大学のペーテル・ヤーゲッシュ教授（数学）だ。ヤーゲッシュは二〇〇四年、ほかの科学者二名との連名で地元紙に「経済学賞はほかのノーベル賞の価値を貶める」と題する公開書簡を発表した。

†人類への貢献

「根本的な問題は、経済学は自然科学と似ても似つかないものだということだ。特に物理学と化学の場合、同じ発見は米国でも中国でもドイツでも有効だという意味で、普遍性を持つ。これらは政治にも経済体制にも関係がない。橋をかける際、その工法や丈夫さを規定する原理はどこの国であろうと同じである。医学の場合は、学派によって見解の相違があり、そこまで普遍的というわけではない。だが、社会科学と比べれば、異なる研究結果をどう評価するかについて、はるかに高いレベルの合意がある。

一九六〇年代半ば、世界経済はおおむね安定していた。ハルバ・ティングステーン（筆者注：スウェーデンの政治学者）はイデオロギーの終焉を宣言した。これは同時に、ニュートンの万有引力とそれほど変わらないような経済を支配する法則を、経済学者が見つけることができるという信念が最も支持を得ていた時代でもあった。ノーベル賞にちなんだ経済学賞という発想がスウェーデン中銀の中で生まれたのは、このような知的風土の中だった。

自然科学の真に素晴らしい点は、数学を用いて、それでも意味のある結果を導き出せるようなかたちで物事を単純化できることにある。しかしながら、経済学者はそのような幸運に恵まれていない。人間の行動を、数式を当てはめられるほど単純化しようとすれば、それは意味のないものになってしまうからだ。政治学や社会学、歴史学、社会人類学、あるいは経営学ですら、一般的に数学的モデルの適用にはより慎重である。政治学者が、政治的な価値判断抜きに数式だけを用いて、ある社会運営の仕方が最適であることを証明できると主張することなど、考えられないだろう。

（中略）たしかに、賞が数学をそれほど使わない経済学者たちに贈られたことがあることも事実だ。だが、全体的な傾向としては、この賞は自然科学の手法を模倣し、客観性があると主張する特殊な経済学に与えられてきた。これは実に不幸なことである。なぜなら、賞のもたらす名誉が、明日の研究の方向性を決めてしまうかもしれないからだ。

物理学が物質の構成や性質を解き明かすのと同じように、社会の仕組みを発見する偉大な発見があるとして経済学賞が贈られると主張することは合理的ではない。経済学賞は、ほかのすべてのノーベル賞の価値を貶めるものだ。」（ペーテル・ヤーゲッシュほか二名、二〇〇四年十二月十日、スウェーデン大手日刊紙「ダーゲンス・ニーヘテル」への寄稿）

ヤーゲッシュらは、選択肢として、①現状を維持してすべてのノーベル賞の価値を下げる、②経済学賞を廃止する、③賞は存続させるが、ノーベル賞との関連を一切なくし、授賞式も切り離す、④経済の仕組みを解明するための社会科学全般の賞として、歴史学者や政治学者にも与えられるようにする——という四つを列挙し、四番目の選択肢が望ましいと訴えた。「誰に賞を与えるかは、はるかに合意が難しくなるだろう」とした上で、「スウェーデン・アカデミーだって文学賞に値する受賞者を決められるのだから、完全に不可能ということもないはずだ」と指摘し、経済学賞の再定義に期待を示した。ただ、現状でもすでに心理学者や数学者に贈られることもあるノーベル経済学賞に対し、現実の経済問題にもっと目を向けるべきだとする立場からの批判もあり、選考対象の拡大も容易ではなさそうだ。二〇〇九年には政治学者であるエリノア・オストロムが受賞したが、経済学者以外による受賞は今後も例外的なものにとどまるだろう。

経済学が自然科学と全く異なる学問だということは、人によっては当たり前のことだと感じるかもしれない。どんなに精緻な理論や数式を用いたところで、生身の人間が織りなす現実の経済現象の方がはるかに複雑であり、株価を予想することも、財政危機からの脱出法を見つけることも、仮説を立てることはできても「正解」を見つけることは不可能だ。むしろ正解が一つしかない問いの方がまれだろう。

だが、スウェーデン王立科学アカデミーは、ほかの自然科学の賞に近づけようとの焦りからか、しばしば数学的手法を駆使した研究に偏りすぎているとの批判も多い。二〇〇四年に経済学賞を受賞したエドワード・プレスコットは受賞記念講演で「マクロ経済学は理論を探す段階を卒業し、理論を役立てる段階へと進んだ。そうした意味で、マクロ経済学は自然科学に近づいた」と宣言したが、賛否は大いに分かれるところだ。

経済学賞を物理学賞や化学賞に近づけようとすることのもう一つの弊害は、そもそものノーベル賞の存在目的からの乖離だろう。本書でもすでに述べられている通り、ノーベル賞はノーベルの遺言に基づき、「人類に最も貢献した人」に贈られる。ノーベルの遺言に入っていなかったとはいえ、故人の遺志を生かすならば、当然経済学賞についても、人類への貢献度から選ばれるべきだろう。

だが実際の賞は、人が利益を極大化させる「ゲーム」に経済行為を見立てて解明を図るゲーム理論や金融工学など、数学的な説明が可能な理論に多く与えられてきた。貧困や発展途上国の開発問題などに光を当てた研究に与えられることは極めてまれなばかりか、実際の経済問題全般にすら無関心な学者も多い。二〇一二年に市場の制度設計に関する研究で受賞したアルビン・ロスは、授賞発表直後のインタビューで欧州債務危機についての見解を問われ、「私はその種の経済学者ではない」と不機嫌そうに答え、コメントを拒否した。当時、世界経済の最も切迫した問題の一つだった欧州危機に対して何の見解も示せない、というより、そもそも示そうともしない経済学者に与えられる賞に、どの程度の意義があるのか――。そうした疑問を抱いたのは筆者だけではないだろう。

†汚点

ノーベル経済学賞の権威を最も失墜させたのは、一九九八年に起きたヘッジファンド「ロング・ターム・キャピタル・マネジメント（ＬＴＣＭ）」の破綻だろう。ＬＴＣＭは、九七年に賞を共同受賞した二人の経済学者、マイロン・ショールズとロバート・マートンを経営陣に擁し、最先端の金融工学を駆使した運用を売り文句にしていた。

カナダ人のショールズと米国人のマートンはマサチューセッツ工科大（ＭＩＴ）で出会った。ともに数学に秀で、幼い頃から株式投資に多大な関心を持っていたという共通項を持つ。二人への授賞理由は「デリバティブ（金融派生商品）の価格を算出する新たな方法の開発」だった。具体的には、オプションと呼ばれる株式などの金融商品を特定の価格で売買する権利の値段付けに関する研究を高く評価された。

オプションはデリバティブの中でも最も広く用いられている形態の一つで、投資家はたとえば、ある株式を一カ月後に一株百円で買う権利（コールオプションと呼ばれる）を十円で購入する。仮に一カ月後の株価が百二十円になっていれば、コールオプションを行使して百円で株を買い、すぐに売れば、オプション代を差し引いても十円の利益が出る。この場合、仮に同じタイミングで現物の株に投資していれば、百円の投資に対して二十円の利益が得られていたことにはなるが、デリバティブ投資の場合、十円の投資で十円の利益が得られるのが大きな特徴だ。また、仮に一カ月後の株価が五十円に下がっていても、オプションを行使しなければいいだけなので、損失はオプション代の十円だけで済む。こうしたオプションの価値をどう理論的に導き出すのかに関する研究が、ショールズとマートンの受賞理由となった。

LTCMは米投資銀行、ソロモン・ブラザーズ（現在はシティバンクに吸収合併）の名物トレーダーで「ウォール街の帝王」と呼ばれたジョン・メリウェザーが一九九四年に設立した。ショールズとマートンのスター学者コンビだけでなく、米連邦準備制度理事会（FRB）のデビッド・マリンズ副議長までスカウトし、その顔ぶれは「ドリームチーム」と呼ばれた。最先端の金融工学に基づくとされる運用は、四〇％を超える驚異的な運用実績を誇った。九七年に二人に贈られたノーベル経済学賞は、これ以上ないお墨付きをこのヘッジファンドに与え、向かうところ敵なしに見えた。

LTCMに理論的な裏付けを与えたのがショールズとマートンで、二人は過去の市場のデータの蓄積から、ある事柄が起きる確率——たとえば、株価の変動が一定の水準を超える確率——は正確に測定できると考えた。この理論に基づけば、たとえ市場がパニックになって暴落しているときでも、さまざまな金融商品の理論価格をかなりの精度ではじき出すことができ、やがてそこに価格が収縮していくとの予測を立てて取引を実行することができる。また、価格がそれほど大きく動かなくても、儲けも損失も大きく増えるデリバティブ取引を使い、しかも巨額を賭けることで、大きな利益が出た。

だが、市場の動きを見通せるという彼らの理論は、あくまでも理論でしかなかった。現実の市場では、常に新しい現象が起きる。自分の資産が暴露する恐怖に取り憑かれた人間は、慌てて売らずに価格の回復を待った方が合理的なのかもしれないと思っても、われ先にと投げ売りに加わるということが起き得るし、実際に起きた。

富と名声の両方を手にして絶頂にあったショールズとマートンの転落の引き金を引いたのは、一九九八年八月のロシアのデフォルト（債務不履行）だった。当時、すでに九七年からのアジア通貨危機で世界経済を暗雲が覆いつつあったが、「核兵器保有国はデフォルトしない」という当時の（今から考えればあまり根拠のない）通説を吹き飛ばしたこの一件がとどめとなり、LTCMは一日億ドル単位の損失を出し続ける下り坂を転げ落ちる。

教授たちはトレーダーなるものが（略）じつは欲と恐れとに突き動かされる人間であって、

極端な振るまいに走ったり、急に気が変わったり、群衆につきものの行動を取る存在であることを忘れ去っていた。

（中略）

マートンも、やはり狼狽していた。もっといえば取り乱し、正気を失っていた。ロングタームの破綻で、現代ファイナンス理論の地位――そのために身を捧げてきた――が台無しになるのではないかと案じて、涙ぐむ場面もあった。マートン教授は結局のところ、すばらしく人間らしかった。ショールズも同様に、ロングタームが破綻すれば、ノーベル賞に泥が塗られたと考える人間が少なくないことを承知している。折も折、前からの予定で故郷のオンタリオ州ハミルトンを訪問し、地元出身のノーベル賞受賞者として栄誉を称えられた。聴衆はロングタームの窮状など知る由もなく、主賓の神経の昂ぶりようは、見るに耐えなかったに違いない。故郷で過ごした若き日々をなつかしく振り返って、ショールズはあやうく泣き崩れるところだった。（『天才たちの誤算――ドキュメントLTCM破綻』ロジャー・ローウェンスタイン著、東江一紀・瑞穂のりこ訳）

前出のフェルトは当時、スウェーデン財務相を退任した後、再び幹部として、スウェーデン中央銀行に戻っていた。スウェーデン中銀では毎年、ノーベルの命日である十二月十日に開かれるノーベル賞の授賞式の前後に、その年の経済学賞受賞者を呼んで幹部との食事会を開くことが恒例となっている。「ショールズとマートンの二人は、コンピューターを使えば金を儲けることがいかに簡単か、得意げに語っていた」と振り返る。「二人の話に感銘を受けている者もいたが、私には眉唾ものに思えたね」

ノーベル経済学賞の受賞者二人が深く関わるヘッジファンドが、事もあろうに受賞の翌年に経営破綻し、金融システム不安を引き起こした上に、タックスヘイブン（租税回避地）を用いた巨額の税金逃れまで発覚する。ノーベル賞のブランドをここまで傷つけた出来事は後にも先にもない。

二〇一二年から一三年まで経済学賞選考委員長を務めたペーテル・エングランドはノーベル財団の公式インタビューで、「これまで最も批判を浴びた受賞者は誰か」との質問に「フリードマンの受賞には反対デモが起きたが、現在ではほとんどの人が授賞は適切だったと科学的見地から賛成するだろう」と述べたが、次に続く「それでは賞を与えたことを後悔している受賞者はいるか」との質問には即座に「ノーコメント」とだけ答えた。胸中は推測するしかない。なお、エングランドは同じインタビューで、一度与えたノーベル経済学賞は剝奪することができないことをわざわざ指摘している。

スウェーデン王立科学アカデミーはLTCMが破綻した一九九八年、途上国の貧困問題に取り組んだインド人のアマルティア・センに賞を授与した。数学的でもなければ新自由主義的でもなく、これまでアカデミーとして見向きもしなかった分野への異例の授賞だが、これはLTCMの破綻で大恥をかかされたアカデミーがイメージの回復を図るべく、一般受けしそうな受賞者を慌てて選んだのではないかとの見方さえある。

ノーベル経済学賞に対しては、当のノーベル家の人々ですら批判的だ。アルフレド・ノーベルの兄のひ孫で(アルフレド自身は生涯独身で子孫を残していない)、スウェーデン赤十字社総裁などを務めたペーテル・ノーベルは二〇〇五年、フランスメディアの取材に対し「経済学賞は株式市場の予想屋たちに最も多く贈られている。経済学者が評判を上げるための宣伝工作にすぎず、大叔父がこのような賞を望んでいたことを示すものは一切ない」と舌鋒鋭く語った。

こうした批判について、筆者は一七年一月、スウェーデン中央銀行のステファン・イングベス総裁に直接見解を聞く機会を得た。イングベスは「たしかに経済学は物理学と違うが、物理学でも解明されていないことがあるのと同様、経済学でも理解できていないことがある。ノーベルの時代には経済学は今のようには存在していなかったが、経済をよく理解することは人類の利益になるだろうし、ノーベルの遺志にも適うものだ」と賞の存在意義に自信を示す。ショールズとマートンへの授賞は「彼らの理論的な貢献と、LTCMに何が起きたのかは全く別の問題だ」と擁護した。

†日本人受賞の可能性

経済学賞は、後から追加された賞であることのほかに、日本にとっては、自国民の受賞者が出ていない最後のノーベル賞としても独特の意味を持つ。日本人が受賞する可能性は、果たしてどの程度あるのだろうか。

残念ながら、ノーベル経済学賞の歴史に詳しい内閣府経済社会総合研究所の堀雅博・上席主任研究官は「知っている範囲では、将来取りそうだという水準にある人はいない」と言い切る。堀は、表舞台に登場することこそ少ないが、日本の新聞各社が毎年、ノーベル賞の見通しを聞いたり、その年の受賞理論について解説を求めたりする知恵袋的存在だ。

堀によると、ノーベル経済学賞は、理論的な発見そのものよりも、経済学上の新しい流派や分野の創始者に対して与えられる傾向が強いという。つまり、どんなに良い論文を書いたとしても、その流れに追随する学者が次々に出てこないと意味がない。

その際、米国と英国、つまりアグロサクソンの大学が主戦場となることは言うまでもなく、米英以外出身の受賞者でも、米国か英国の大学と何のつながりもない人はほとんどいない。過去の受賞者の推薦が大きな意味を持つインナーサークルを形成しているという点では、文学賞とも似た性質を持つが、文学賞と違って地域的なバランスを考慮するという発想は一切ない。

経済学の世界では、アメリカ経済学会による『アメリカン・エコノミック・レビュー』と計量経済学会による『エコノメトリカ』の二誌が学術誌の頂点とされる。ノーベル賞級の経済学者は四〜五年に一度は論文が掲載されるのに対し、日本人だとトップクラスの学者で一生に一度採用されるかどうかだという。それよりも権威が下の学術誌は、日本の大学では立派な業績としてカウントされるが、「いくら載ってもノーベル賞にはたどり着かない」とされ、日本人の受賞がいかに遠いかが分かるだろう。

言語の壁も大きい。「日本語で書かれた論文は、内容がどんなに良かったとしても、ノーベル賞という観点からは存在しないのと同じ。自然科学の場合、発見の内容さえ優れていれば、論文の英語のレベルはそれほど問われないのに対して、経済学の論文は英語も完璧でないと学術誌には採用してもらえない」と堀は話す。

堀によると、これまでで日本人で最もノーベル賞に近かった経済学者は、二〇一四年に八十六歳で死去した宇沢弘文《うざわひろふみ》・東大名誉教授だったという。宇沢は米スタンフォード大やシカゴ大で教鞭を執り、影響を受けた教え子には〇一年にノーベル経済学賞を受賞したコロンビア大のジョセフ・スティグリッツ教授などがいる。

近年、日本人の学者で最も可能性が高いとして報道各社がマークしているのは、清滝信宏《きよたきのぶひろ》・米プリンストン大教授だ。清滝は一九九〇年代後半のアジア通貨危機など、経済が悪循環で危機に陥るメカニズムを説明した「清滝・ムーア理論」（ムーアは共同研究者の英エジンバラ大教授）で知られる。毎年、ノーベル賞の発表時期には清滝の所在を確認するのがマスコミ各社の常となっている。だが、堀は「清滝氏は、現在の経済学で主流をなす理論のいくつかの重要な要素を解明したが、そのレベルなら米国には何人もいる」と懐疑的だ。清滝本人も毎年、取材に対し「私が取ることはないと思う」と謙虚な姿勢を貫いている。

　有力国立大学の学長も務めたある高名な経済学者も「日本の経済学者が将来ノーベル賞をもらう確率は非常に低い。現在の陣営ではまず無理だろう」と話す。これまでの日本の経済学者全般に対しても「オリジナルな理論家がおらず、相変わらず輸入学問の域を脱しない。宇沢氏や青木氏（後述）といった過去の候補者も、もらえそうな気がしなかった」と手厳しい。「一時期、安倍首相が『ノーベル賞に一番近い学者だ』といって浜田宏一《こういち》氏（米エール大名誉教授、内閣官房参与）を持ち上げていたが、噴飯物で、さすがに最近は言わなくなった」とも付け加えた。「経済学賞自体、自然科学のノーベル賞に比べて、社会的な価値は非常に低いと思う。すでに著名な学者は獲得してしまい、近年の受賞者は『雑魚』みたいな人が多い。それだけ、テーマにおいて人類にとって必要不可欠なものがないような気がする」と、賞自体に対する評価もさんざんだ。

　さらに日本人受賞を遠のかせているのが、バブル崩壊以後の日本経済の地盤低下だ。ジャパン・アズ・ナンバーワンともてはやされた一九八〇年代ならば、日本経済そのものに関する研究が米国でも数多く出され、関心を引くことができた。だが、長引くデフレ不況により、日本経済は研究対象としての魅力を失った。前述のアメリカン・エコノミック・レビューなどでは、中国を対象とした研究が出ることはあるが、日本がテーマになることはほとんどない。

池尾和人《いけおかずひと》・慶應大教授（経済学）は「正直言って、日本のことを研究していてもあまり評価されない」と話す。「一時期、青木昌彦（スタンフォード大教授として日本の企業や雇用を分析した。二〇一五年に七十七歳で死去）が受賞の可能性があると言われたときは、日本経済に勢いがあった。日本経済の特性を標準的な経済学の枠組みで説明するといったことに関心が持たれ、日本のことを研究しても、英語で発表すれば評価された。だが、『失われた二十年』が過ぎ、日本のことを研究する日本人の学者が取ることは、日本経済が奇跡的に回復するとか、そういうことにならないとあり得ないと思う」

†安倍政権もノーベル利用

日本人にとって最も縁遠い存在の経済学賞だが、その威光は他の賞と全く変わらない。安倍晋三首相は二〇一六年三月、「国際金融経済分析会合」と題してジョセフ・スティグリッツ米コロンビア大教授とポール・クルーグマン米プリンストン大名誉教授という二人のノーベル経済学賞受賞者を首相官邸に招いた。

会合の表向きの目的は、五月に開く伊勢志摩サミットの議長として「世界の経済、金融情勢について有識者の見解を伺い、率直な意見交換を行う」（首相）ことだが、額面通りに受け取った関係者はほとんどいない。この二人は、景気が悪いときには政府が積極的に財政支出をすることで足りない需要を作り出すべきだとする積極財政主義者で、消費税の増税にも反対の立場として知られているからだ。二人はともに、自由競争よりも経済格差の是正を重視するリベラル派で、これまでのノーベル経済学賞受賞者の中ではむしろ異端に属する。

会合にはスティグリッツとクルーグマン以外も国内外から招かれ、予定通りの増税を訴えた有識者もいたが、ノーベル経済学賞の受賞者は二人だけ。人選が伝わると、この会合は、二〇一七年四月から予定されていた消費税の一〇％への引き上げを再び延期すること、さらに言えば、増税延期の判断を国民に問うことを大義名分として衆院解散・総選挙を断行するための地ならしだとの見方が一気に強まった。

果たせるかな、二人は「消費税は総需要を増加させるものではなく、今のタイミングで引き上げるのは適切でない」（スティグリッツ）などと訴え、安倍に消費税引き上げを見送るよう進言した。こうした声も受け、安倍は六月、「これまでの約束とは異なる新しい判断だ」として引き上げ延期を宣言する。

だが、経済学はその性質上、増税の是非といった複雑な問題に絶対的な解答を示せるものではない。増税の是非だけでなく、最終的に望ましい税率も、ノーベル経済学賞受賞者が十人いたら十通りの見解が出る可能性も十分あり得る。

ある大手銀行の首脳は国際金融経済分析会合の狙いを「ノーベル賞の権威を笠に着て消費税増税を先延ばしにする見え透いた戦略だ」と看破した。この首脳に限らず、銀行業界のトップには、二度の増税見送りで日本の財政再建への本気度が疑われることへの心配から、消費税は予定通り引き上げるべきだとの見方が多い。

国債価格が暴落して巨額の評価損が発生することを心配するためというよりも、日本国債が格付け会社から格下げされることへの懸念が大きいからだ。格付けは原則として、どんな優良企業であっても、政府の（つまり国債の）格付け以下でなくてはならないとの決まりがある。国債が格下げされたら、国債と同じ格付けを得ていた優良企業も自動的に格下げされる仕組みとなっており、資金調達などに支障を来す恐れがある。

この銀行トップは「日本人のノーベル賞への信頼は絶大だ。スティグリッツとクルーグマンの名前は知らなくても、この二人が増税延期を進言したら、世論もますます延期に傾くのではないか」と案じた。

なお、スティグリッツとクルーグマンはともに環太平洋連携協定（TPP）に批判的な論調でも知られる。二人は学者としての良心に従い、会合でTPPに反対する姿勢も表明したが、TPP大筋合意を政権の実績として掲げる安倍は、反応を示さなかった。スティグリッツは金融政策についても触れ、日銀が行っている量的緩和政策（国債の大量買い入れ）は、実体経済を刺激する効果はほとんどないのに、株価や土地などの資産価格を上昇させるとの立場から「不平等を拡大した一方、投資の大幅な増加にはつながらない。金融市場に歪みをもたらした可能性がある」と批判した。マイナス金利政策も「景気を大きくは刺激せず、悪い副作用をもたらす可能性もある」と懐疑的な立場を明らかにした。安倍や黒田東彦《はるひこ》・日銀総裁がこれらの助言をどう受け止めたかは不明だ。

将来、日本人がノーベル経済学賞を受賞する日が来れば、「歴史的な快挙」となることは間違いない。だが、その熱狂が一段落したとき、この賞の本質的な価値、さらには経済学そのものの有用性と限界について、改めて広い議論が交わされるべきだろう。

第五章

ノーベル狂想曲と舞台裏

ノーベル医学生理学賞を受賞した大隅良典・東京工業大栄誉教授を取り囲む日本メディア。日本人受賞者が出ると受賞者が泊まるホテル前では騒ぎが繰り返される(写真提供:共同通信社)

†ストックホルムの〝日本祭り〟

ストックホルムでは近年、毎年のように真冬の〝日本祭り〟が起きている。ノーベル平和賞の授賞式に出席する日本人受賞者を取材する日本の取材陣が、大集結するのだ。二〇〇八年の南部陽一郎（物理学賞、国籍は米国）、下村脩（化学賞）のダブル受賞に始まる日本人受賞ラッシュは、一〇年の鈴木章、根岸英一（いずれも化学賞）、一二年の山中伸弥（医学生理学賞）と続き、一四年には、赤崎勇、天野浩、中村修二（いずれも物理学賞）とトリプル受賞となった。そして一五年も大村智（医学生理学賞）と梶田隆章（物理学賞）。一六年には、東京工業大学栄誉教授の大隈良典が医学生理学賞を受けた。

受賞者らは例年、十二月十日に行われる授賞式の五日ほど前にはストックホルム入りし、「ノーベルウィーク」に参加。授賞式を中心に記者会見や記念講演、晩餐会など分刻みのスケジュールに追われ、取材陣はその一挙手一投足を追い掛け回すことになる。二〇一二年受賞の山中伸弥のケースを見てみると、ヘルシンキ経由でのストックホルム入りが一二月四日。五日午前にはノーベル財団による記者会見、午後に授賞式用燕尾服試着。五日午前、ストックホルム旧市街のノーベル博物館訪問で受賞者懇談会、その後、記者会見、ノーベル賞委員会夕食会など、十日の授賞式まで連日講演、会見、食事会に臨んだ。

受賞者が定宿にするのがスウェーデンを代表するグランドホテルだ。一八七四年創業の老舗で風光明媚なウォーターフロントを臨むこのホテルは、第一回のノーベル賞晩餐会が開かれた場所であり、歴代の宿泊者名簿を覗くと、フランク・シナトラや、マーチン・ルーサー・キング、モナコのグレース王女と綺羅星のごとく著名人が並ぶ。ノーベル賞の取材合戦は、十月上旬に、受賞者が発表される瞬間に始まると言っても過言ではない。日本人が受賞者に入った場合、受賞者と同じグランドホテルを拠点にできる利点は大きく、共同通信を含む日本のメディアは、発表とほぼ同時にこのホテルに電話で十二月上旬に必要な部屋を緊急に確保する。特にテレビ局の場合、数クルーを泊まらせるため一社で二十部屋ほどを予約してしまう場合もある。

とは言え、ホテル内で自由に取材ができるわけではない。他の宿泊客への迷惑や混乱を避けるために、受賞者がホテルに出入りする姿を撮影する取材などは基本的に、ホテルの正面玄関前に制限され、各カメラマンは零下二〇度にも下がる北欧の夜の厳しさに苛まれながら、取材に従事する羽目になる。ある民放テレビ局のスタッフは十時間にも及ぶ張り番を強いられたという。ホテルスタッフのスウェーデン人女性は「日本の記者はちょっとクレイジー。私たちはもう慣れているけど、ほかのお客さんは毎回驚いているみたい」と、あきれた様子でこの騒ぎを見守っている。

梶田隆章・東大宇宙線研究所長と大村智・北里大特別栄誉教授が共に受賞した二〇一五年も、

十五社を超える日本の報道機関の記者らがストックホルムに大挙して押し寄せた。共同通信もカメラマンを含む四人を派遣、平和賞の授賞式が行われるオスロにも別に一人を配置し、大掛かりな態勢を整えた。

ストックホルムでは、知り合いの日本のテレビ局特派員が真っ青な顔で駆け寄ってきた。受賞者取材に熱を入れる余り、撮影機材などを盗まれたのだ。その後、一帯を捜索して回った結果、路上で奇跡的に機材を見つけ出し、事なきを得たという。血眼になって受賞者に群がる日本メディアの狂騒ぶりを示すエピソードだ。

大村が燕尾服を試着した店の取材で、大勝したのはNHKとテレビ朝日。事前に取材許可を取り付けていたらしく、店内で撮影できたのだ。他の記者らは店外から様子をうかがうしかなかった。

授賞式本番の十二月十日の夜、ホテルの前では、式と晩餐会を終えた受賞者からコメントを取ろうとする記者たちが寒空の下、震えながら集結した。史上二人目の受賞者を出したトルコのテレビクルー以外は、全て日本メディアだ。宿泊客の通行を妨げないよう、玄関正面は空けるのが決まりになっている。報道陣は右側と左側に分かれ、歩道を横切る形で、ずらりと一直線に並ぶ。受賞者の車が到着すると、競争が始まった。

「大村さん、式はどうでしたか」「おめでとうございます」「晩餐会は何がおいしかったですか」「こっちにも話をお願いします」――。右からも、左からもカメラを向けられ、殺気だった記者の呼び掛けに、大村は照れたような表情を浮かべた。大村が右を向くか、左を向くかで、記者の命運は決まる。大村の声は小さく、反対側ではよく聞き取れないし、表情も見えない。決定的な一言を逃すまいとみな必死だ。共同通信は二人態勢で待ち構えた。

晩餐会について「素晴らしいね。受賞したのも初めてだけど、晩餐会も初めてだから」とにっこりした大村に、「ノーベル週間で、一番印象に残ったのは何ですか」と記者が問うた。「一番はね、皆さんに追われたこと」。この答えに、記者一同が苦笑いに包まれたのは、言うまでもない。

一方、ホテルに戻った梶田は、「無事に終わってほっとしています」と報道陣に正直な感想を漏らした。何しろ、ストックホルム市庁舎の豪勢な晩餐会に集まったのは約千三百人。「すごいな」と雰囲気に圧倒されたという。

トランペットが響き渡る中、梶田はモデル出身のソフィア王女と腕を組み、大広間に続く階段をゆっくりと降りていった。着飾った招待客が一斉に立ち上がって仰ぎ見る。「転ばないようにして歩かないと……」。気さくな王女が、ニュートリノとは無関係の「世間話」で緊張を和らげた。梶田は宴席で、晴れやかな笑顔で会話を弾ませていた。でも記者に囲まれると、「きょうはさすがに飲んでいません」と打ち明けた。世界の注目を浴びるのは、やはり相当なプレッシャーだったはずだ。

この晩餐会で、最も緊張しそうな役を担ったのが、梶田の妻の美智子夫人。スウェーデンのカール十六世グスタフ国王に伴われ、貴賓の先頭に立って入場したのだ。クリーム色の上品な着物に身を包み、当初は硬い表情だったが、国王と並んで座った後は談笑し始めた。

「国王の印象は?」「何を話したのですか?」。記者たちはホテルに入ろうとする美智子夫人を呼び止め、質問を浴びせた。

夫人は「王様がとても簡単な英語で話し掛けてくれたので、とても楽しかった。いろんなお話をしたので、覚えていないけど、森の話はしました」と言い残し、回転扉の向こうに去っていった。記者たちは騒然となった。「『森の話』って、何だ?」――。その謎は、今も解けていない。

梶田と共に物理学賞を受けたカナダ・クイーンズ大のアーサー・マクドナルド名誉教授はインタビューに対し、「受賞で私たちの生活がいかに変化したか」について、梶田とストックホルムで会った際に話し合ったと明かした。自分については「多くの記者に取材を申し込まれ、世界中から講演依頼が来るようになった」と説明した。でも、ストックホルムまで来たカナダの報道関係者は一握りだけ。日本とは桁違いだ。

梶田が連日、日本メディアの脚光を浴びているのを、うらやましく感じることはあるのか、率直に聞いてみた。すると、「日本のジャーナリストはたくさん来ているね」と苦笑しつつ、「私は自分で何とか対応できるぐらいの関心を集めており、それで十分。過度に注目されることは、うらやましいとかいう問題ではないかもしれない」と答えた。「逆に、同情しているのか」と聞くと、「そうだね」とあっさり認めた。注目されすぎるのも、つらいのだろう。

一方で、日本での大騒ぎも無理はない、と語った。「日本はニュートリノ物理学でリーダーとなってきた。この分野での日本人の受賞者は二人目。小柴昌俊氏の受賞も至極当然のことだし、すばらしい業績だ。日本人の関心が高く、日本人記者が多いのも理解できる」

しかし、大村を選んだ医学生理学賞のジュリーン・シラス選考委員長は、ノーベル賞は国別対抗のオリンピックではないと強調し、こうした風潮をあおる私たちの報道を痛烈に批判した。「選考委員会では、候補がどこで生まれたか、どこで仕事をしているか、考えもしない。注目するのは、発見と、その影響についてだけ。それを国別競争に変えてしまったのは、あなたたちよ。でも、発表してしまった後、報道をコントロールはできない。メディアは好きなことを書くけど、それを心配しても仕方ない」

†準備も過熱

日本のノーベル狂想曲は、メディア界を中心に年々過熱化しているのが実態だろう。共同通信の場合、毎年夏ごろから準備に着手。ノーベル各賞の候補となり得る人物を世界中から選定し予定原稿の作成に着手。横顔や研究、功績などをまとめた二百本を越える予定稿を用意している。特に日本人の予想対象者の場合は、発表時間に合わせ、大勢の報道陣が各地の研究室や自宅周辺で待ちうけるのが常態化している。これに対する対応は様々で、「発表日は年に一回の記者懇談会」と割り切り、自宅に記者を招き入れて食事を振る舞う高名な学者もいれば、一四年の物理学賞受賞者となった米カリフォルニア大サンタバーバラ校の中村修二の場合、極度のメディア嫌いとして知られ、有力候補と噂され始めた二〇〇〇年代には、一切の事前取材を拒否した上、受賞が決まった場合でもサンタバーバラにある自宅に無断で取材に来た場合は、訴訟の対象にすると在ロサンゼルスの邦人記者らに通告していた。

いずれにせよ、ここまでノーベル賞取材に血道を上げるのは、日本人記者だけだ。特にノーベル賞受賞者の大半を輩出してきた欧米メディアの場合、非常に淡々とした報道ぶりだ。近年の例では「ヒッグス粒子」の存在を提唱し物理学の根底を変え一三年に英エディンバラ大のピーター・ヒッグス名誉教授が受賞した際も、英BBC放送などは、通常ニュースの扱い。CNNを始め米国のメディアも例年、自国民の受賞でもトップニュースになることは稀だ。オスロで行われる平和賞授与を除いて、授賞セレモニーがニュースになることはほとんどない。

共同通信のロンドン支局でも、毎年発表時や授賞式の取材準備に血眼になる。受賞者発表日には、オスロでの平和賞を除き、ストックホルム在住の通信員を地元通信社のスウェーデン通信本社に送り、速報に備えてきた。なぜそこまでするかには理由がある。ノーベル賞選考委員が、受賞者発表を最初はスウェーデン語で話し、次に同じ内容を英語で話す慣例があるからだ。委員会は、速報を重視するスウェーデン通信や、ドイツのDPA通信、共同通信などのために、記者発表開始と同時に開封できる封筒をスウェーデン通信に届ける。このわずか二、三分の速報のために、多くの労力が払われている。

毎年繰り返されるこうした騒ぎを英国人スタッフは、非常に冷めた様子で見詰めている。「日本人はなぜこんなにノーベル賞が好きなのか?」と皮肉交じりに、日本人記者たちに尋ねるのも恒例行事になってしまった。スタッフの指摘通り、単純明快な答えは見つからない。競争好き、勲章好き、ランキング好きなどが考えられるが、これらの要素が複合的にノーベル狂想曲を奏でているのだろう。あるスウェーデン人ジャーナリストは、遠慮がちに「日本人の欧米コンプレックス」を指摘したが、あながち的外れではないように思える。BBCは毎年、受賞者らを一堂に集め、ノーベル賞受賞に至る活動や個人的な思い、研究上での悩みなどを語ってもらう「ノーベル・マインズ」を放送する。日本式に受賞者を偉人扱いするのとは対照的に、身近な存在としてノーベル賞の知恵を共有する傾向が強い。英国人とてノーベル賞という大きな権威を否定してはいない。ただノーベル賞と客観的な距離を保ち、権威と程よい距離を保っているだけなのだ。

　ＬＥＤ開発の功績で日本人三人同時受賞に日本中が沸いた一四年は、奇しくも理化学研究所の小保方晴子研究員による研究不正があった年だった。小保方は、万能細胞のＳＴＡＰ細胞を創ったとして英科学誌ネイチャーに発表したが、理研の調査委員会は、論文の図表に捏造と改ざんがあったと認定し、論文は撤回された。一連のスキャンダルで、何度「ノーベル賞」という言葉を聞いただろうか。研究発表当初から、「ノーベル賞確実」とセンセーションを巻き起こしたが、ほとんど何の実績もない若い研究者の〝成果〟を日本中が信じ、沸きあがった背景として、「ノーベル賞確実」といううたい文句と、理研の理事長がやはりノーベル賞受賞者である野依良治（二〇〇一年、化学賞）であったことが大きい。小保方を指導する立場にあった理化学研究所発生・再生科学総合研究センターの副センター長、笹井芳樹が研究不正を見抜けなかったのも、先にノーベル医学生理学賞を受けた京都大教授、山中伸弥への対抗心から来る焦りがあったのではないかと指摘されている。ＳＴＡＰ細胞騒ぎの影の主役は、トップ科学者を含め日本人全体が抱く、ノーベル賞への偏愛であった。

　ノーベル賞の祭り騒ぎと、速報合戦に興じるのはメディアだけではない。ノーベル賞の発表で日本人が含まれるか否かを把握するのは、在ストックホルムの日本大使館にとっても重要業務。関係者によれば、同大使館には、一九八七年に利根川進が医学生理学賞を受賞したのをきっかけに、科学技術庁（現文部科学省）の派遣職員（アタッシェ）が常駐するようになり、地元テレビの速報などを頼りに、日本人受賞を東京の文科省に即時連絡する。アタッシェからの連絡が外務省経由の連絡より遅い場合は、叱責される可能性もあるといい、発表の瞬間はアタッシェにとっても胃が痛い時間に違いない。

一方、同じノーベルの命日十二月十日にオスロで行われる平和賞授賞式はストックホルムより落ち着いた雰囲気で、授賞式を取材するのは、欧米メディアが中心で、日本メディアは各社一人程度の派遣だ。それでも、オバマ米大統領やパキスタンの武装組織に襲撃を受け一命を取り留めた人権活動家、マララ・ユスフザイの受賞演説については、日本の新聞が競い合うように全文を掲載した。やはり日本メディアは、ノーベル賞受賞者＝偉人として崇拝する傾向が強い。

†五十年ルールと情報漏れ疑惑

二〇一一年十月六日、英国のブックメーカー「ラドブロークス」で奇妙な現象が起きていた。一時間後に発表が迫ったノーベル文学賞で賭けの対象になっていたスウェーデンの詩人トーマス・トランストロンメルのオッズが十三倍から二倍に急落したのだ。オッズの急落はトランストロンメルが受賞するとみた賭け金が、急増したことを意味する。オッズの変動は賭け事の常だが、スウェーデンの地元メディアによると、〝勝負〟が決する一時間前にこれほどの変動を見せるのは「前例がない異常さ」（ラドブロークス関係者）だった。発表は、オッズが示した通り、トランストロンメルの受賞であった。

この事態はすぐに地元メディアが世界に広めた。スウェーデン・アカデミーのペーテル・エングルンド事務局長は、不正行為の存在を否定したが、重視したスウェーデン検察庁の汚職担当部局が調査に着手した。その結果、事件性はないと判断されたものの、関係者の間では、情報漏れについて疑心暗鬼が残った。文学賞に関するオッズでは二〇〇八年にフランスのジャン・マリ・ギュスターブ・ル・クレジオが受賞したときにも類似した現象が起きており、その際も選考委員による情報漏れが疑われた経緯がある。選考委員は、選考内容が外部に漏れないように、細心の注意を払う。ストックホルムにあるアカデミーで討議の際に使った資料を外部に持ち出すことは許されず、個人的な持ち物も選考の方向性を推測されるようなモノは持たない。〇八年のケースでは、委員の一人が発表の一週間前にパリ出張をした際に、ル・クレジオの作品を持っていたことが、情報漏れの一因と指摘されたが、真相は分かっていない。

公平無私で、完全無欠のイメージとは裏腹に、情報漏れの疑惑は払拭できていない。二〇一三年十月八日、物質に重さを与える「粒子」の存在を理論的に予言した英エジンバラ大のピーター・ヒッグスの発表は一時間遅れたが、スウェーデン王立科学アカデミーのスタファン・ノーマーク事務局長は、それについて説明はせず、記者会見で「ヒッグス氏に何度か連絡を試みたがつかまらなかった」と述べた。

ただ、それが発表の遅れた理由かとの記者質問には「コメントできない」と述べた。一方で「授賞の対象が決まったのが今日だったことは強調しておきたい」とした。アカデミーの情報に詳しい外交筋によれば、この歯切れの悪い説明の背後にあるのは情報漏れ疑惑であった。発表の直前に、ヒッグス受賞が選考関係者からメディアに漏れた疑いが突然浮上、その調整のために、発表が遅れたというのだ。漏洩に関与したのが誰かは特定されており、アカデミーの委員長からきつい叱責を後日受けたのだという。

平和賞についても、情報漏れ疑惑と無縁ではない。近年、平和賞への関心が高まるのに比例するように、各国のメディアによる内部情報獲得競争も激化している。そうした取材レースの中でやはり抜きん出ているのは、ノルウェーで最大のテレビ局、NRKだ。NRKは一二年、有力候補にはまったく挙げられていなかった欧州連合（EU）受賞を発表前夜に予測、翌一三年にはパキスタンのマララ・ユスフザイが断然のトップ候補とみられ、世界中が発表を待ち受ける中、そのわずか一時間前に「受賞は化学兵器禁止機関（OPCW）」とスクープを放ち、世界をあっと言わせた。

各選考委員会は、メディア発表の三十分ほど前には受賞者本人や受賞団体に電話などで受賞を知らせるのが慣例になっており、この時差で受賞者本人から周囲に漏れる可能性は排除できない。だが、一連の情報漏れ疑惑が起きているのは、約一時間前で、やはり本人ではなく選考委員やその周辺から情報が漏れたとみられている。

選考委員の頭を悩ませる選考結果の情報漏れ疑惑は根強いが、その一方で固く守られているのは、ノーベル財団の「五十年ルール」だ。

ノーベル賞の選考過程は、ノーベル財団の規定により、最低五十年間は公開されない。これは過去に一度も破られたことのない鉄の掟だ。過程に加え、誰が候補となったかについて外部に漏らすことはなく、「候補者本人に対しても候補入りの事実は伝えない」と明言されている。

一四年春、日本の「憲法9条にノーベル平和賞を」実行委員会に推薦が受理されたとの連絡がノーベル賞委員会からあり、〝候補入りした〟と大変な騒ぎになった。ただ厳密に言えば勇み足だ。「受理された」ということは、「推薦状が有効であることが認められた」というだけのことで、その後の選考プロセスで本格的な候補に入ったことを認めることとイコールではないからだ。ノーベル賞委員会は候補になったか否かも公式には認めない。これについても半世紀の沈黙を守るのだ。

「9条」の実行委員会に届いたとして日本のメディアに公表されたノーベル賞委員会からの書簡を見ると、「二〇一四年の平和賞に関する貴殿の提案を受け取った。今年は二百七十八の候補があり、受賞発表は十月十日に行われる」とあるだけで、実行委員会や九条そのものが候補入りしたとは明記されていない。

この掟は何のためだろう。選考関係者によれば、長期間秘密にされる理由は「候補になった人物が判明すると、本人や周囲がその事実に振り回され、本来の業績を残すべき研究や著述業、平和活動に悪影響を及ぼす可能性が出る事を恐れるためだ」という。半世紀の意味は「本人が生きている間は秘密にするため」なのだ。さらに選考過程での意見などが分かってしまうと、外部からの干渉への懸念もある。掟の墨守の裏には、ノーベル平和賞の独立性と候補者の安全という二大原則を守り抜くというノーベル財団の堅い意思が貫かれているのだ。事実、特に政治的思惑が絡みやすいノーベル平和賞の場合、組織的な推薦キャンペーンがしばしば見られ、ノルウェーのノーベル賞委員会によれば、特定の人物について、数千通もの推薦文が送られる露骨なケースがある。

その半面、候補者や選考過程が一切公開されないというルールには、別の問題も浮かんでいる。それは、各賞の選考組織は、結果に対する説明責任を負う必要がないということだ。これは、自他共に認める世界最高の権威を持つ賞のあり方として、果たして正しいのだろうか。受賞発表時、各ノーベル賞選考委員会は、授賞理由を記者会見で細かく発表し、報道陣の質問にもきちっと答える。これは世界で最高レベルの誠実さに満ちたQ&Aだ。だが、それは基本的に、当該の研究、文学作品、平和貢献がどれだけ優れたものであったかを、委員会側がアピールする作業の範囲をほとんど出ない。

なぜ他の研究分野ではなかったのか、その中でもなぜ他の人物ではなかったのかという疑問に委員会側が答えることはなく、全面的な説明責任を果たしているとは言えない。長い情報非公開は、決定に対する無責任さにもつながりかねない課題も抱えているのだ。

五十年ルールに対しては、委員会内部からも異論が出始めている、ノルウェーのノーベル委員、オーラブ・ニョースターは、地元メディアとのインタビューで「ノーベル賞の候補者になった事実を五十年もの間秘密にする必要があるのか。多くの国で、国家秘密と呼ばれる情報でも二十五年ほどで公開されるのが世界の常識だ。ノーベル賞だからといって、これを超えて秘密を守る必要はない」と語った。

ニョースターによれば、ノルウェーの委員会はこれまでに二回、ノーベル財団に対して、候補者名の非公開期間を現在の五十年から二十五年に短縮するよう検討を要請したことがある。しかし、いずれの要請も財団によって却下された。その一方で、ニョースター自身も一定程度の非公開は当然と考えている。「非民主的な国家に在住する人にとって、平和賞の候補入りはその人物の立場を非常に危険なものにするおそれもある」からだ。

†北欧の小国を発展させたノーベル賞

ノーベル賞は一世紀を超える歴史の中で、人類の平和、科学、文化の発展に大きく貢献した。その舞台裏で、計り知れない恩恵を受けているのが、当のスウェーデンとノルウェーだ。両国はいずれも地理的には世界の辺境にあると言ってよい。人口もスウェーデンが一千万人、ノルウェーが五百万人と小さいが、両国は科学技術と平和という人類の普遍的な価値を国のイメージとして取り込んで、着実に発展を続けてきた。

ノーベルが生まれた十九世紀前半、祖国スウェーデンは「バルト海の覇者」と呼ばれた北欧の地域大国の勢いを失っていた。ロシアとの戦争で敗れ、長年支配したフィンランドを奪われ、没落の途にあった。スウェーデンが先進国となり人口比では世界で最も難民や移民を受け入れている国家となった今では隔世の感があるが、当時は食い詰めたスウェーデン人が米国に大量移民となって流れていた時代。そうした中、国家再興の任を背負ったのが、科学研究と教育であった。当時の国王カール十三世（一七四八―一八一八）は、一八一〇年、ストックホルムに現在のカロリンスカ研究所の前身である医療外科研究所を設立した。カール十三世はロシアとの戦争で失ったノルウェーとフィンランドを取り戻すことを夢みてスウェーデンの軍事力増強に傾注、この研究所は軍医の研究施設であった。やがて、国王に敬意を表すために「カロリンスカ」と命名され、北欧における医療研究の中心地となっていった。また一八四二年には義務教育が導入され一般国民の教育レベルも向上、そうした地道な努力が奏功し、十九世紀後半には本格的な国家再発展が始まった。その後ノーベルらの起業家が活躍を始め経済が離陸、技術立国の階段を駆け上った。

ノーベル博物館によれば、十九世紀終わりごろ、スウェーデンの経済成長率は世界でトップクラスにあったという。そうした急発展の陰にノーベル賞があったことは知られていない。一九〇一年に初の授賞式が行われたノーベル賞には、年々多くの応募が集まるようになり、その多くは当然のことながら、最先端の研究成果を報告するものであった。ノーベル賞に詳しい日本政府関係者は「インターネットのような学術情報交換の手段が普及する前、ストックホルムは最先端科学の情報が自然に集積する場所だった」とスウェーデンの科学技術発展を下支えした賞の力を称賛する。別の見方をすれば、当時、ノーベル賞は現代のインターネットにも匹敵する役割を果たし、科学技術をスウェーデンに流入、蓄積させた。それが、小国ながら最先端の研究を分析する力となっているのだ。

ノーベル博物館の上級学芸員で歴史学者のグスタフ・カールストランドによれば、当時、世界の科学者にとって自分たちの研究を知ってもらうことは非常に大切なことであった。もし、同じような分野でのテーマを掲げた学会がイタリアとスウェーデンの両国で開かれたとしたら、学者たちはスウェーデンを選んだ。ノーベル賞の選考委員が学会の席に必ずいるからだ。物理学を例に取れば、一九〇〇年ごろ世界の物理学者の数は千人程度にすぎなかった。学者の世界が実は狭いものであった事情が、こうした直接の知的交流、コネクションの重要性をより高めていたのだった。さらに当時は、受賞候補になった研究を分析する専門研究機関が存在していた。誰を候補にしたかの情報が外部に流れることはなかったが、分析研究そのものは、スウェーデンの科学者の中に蓄積されていった。

カールストランドは「十九世紀、スウェーデンの政治力は衰退していたが、ノーベル賞により科学と文学の分野で〝世界の審判員〟となり、国民は自信を取り戻した」と指摘した。そうした自信はさらに副次的効果を生んだ。「自然科学の分野で欧米の有力な研究機関で経験を重ねた科学者が、名誉あるノーベル賞選考機関、王立アカデミーやカロリンスカ研究所の一員となるために帰国する動機になった」からで、資源に恵まれず人的資源が財産であるスウェーデンからの頭脳流出を防ぐ一助にもなっている。

そして現在、スウェーデンはこうしたノーベル賞の伝統とブランド力を巧みに活用しながら、国の活力を維持・発展させようとしている。国内総生産の約三・五％が研究開発に投資されており世界最高水準で、同国政府によれば、スウェーデンより高いのは世界でイスラエルとフィンランドだけだという。小学校から大学まで学費が完全に無料というのも、こうした伝統に基づく制度だ。さらに、発明家の故郷にふさわしい制度がある。特許に値するようなものを含め、発明の権利は発案者にあり、属する大学や企業ではないという。商業化の権利は発案者が保持しており、日本のLED発明で見られた利益配分争いは起きない。こうした環境下、古くはファスナー、心臓ペースメーカーから近年のスカイプ、スポティファイ、人気ゲームのキャンディークラッシュに至るまで、多くのイノベーションが生まれており、ストックホルムには「北欧のシリコンバレー」の呼称も与えられている。

こうした応用技術部門ではトップを走る半面、スウェーデン人が自然科学部門で二〇〇〇年代に入ってノーベル賞を受けたのは、二〇〇〇年のアービド・カールソン（医学生理学賞）が最後だ。定評のあるタイムズ・エデュケーションの世界の大学ランキングでもカロリンスカは医学部門で十五位（一四年）に入っているものの、賞の〝本家〟としては不本意な状態だろう。物理学賞の選考委員長、パー・デルシングは大学や研究機関のあり方に問題があると指摘した。デルシングは「スウェーデンの大学は近年、研究者が研究費を獲得することに時間を奪われている」と分析している。ただ、一見完璧に見えるスウェーデンの教育レベルも、デルシングのような高度専門家から見れば「下降気味」で、「日本は教育レベルの高さが研究レベルにも反映されている」と指摘した。

ノーベル賞授賞式やその後の晩餐会で、日本でもなじみになりつつあるスウェーデンのカール十六世グスタフ国王が一六年二月、日本の科学技術や産業を視察するため来日し、東京都内で記者会見した際、こう述べている。「いろいろな国の分野に賞を渡すことによって（スウェーデンには）恩恵があると思う。世界中の科学者の中から賞を決めるが、スウェーデンの科学者も同じレベルでないと評価できないので良いことだ」

国王は、日本の視察で印象に残った分野について「細胞シート工学は非常に興味深い。倫理的問題点にも関心を持っている」と話した。

†ノルウェーの不都合な真実

ノーベル賞効果については、平和賞を選ぶノルウェーにも注目したい。ノルウェーは世界が認める平和大国。真骨頂が、一九九三年にイスラエルとパレスチナによる極秘の直接交渉から暫定自治宣言に導き、世界をあっと言わせたオスロ合意だった。ノルウェーが平和外交で培ってきた信用力が、半世紀近くいがみ合ってきたパレスチナとイスラエルを交渉のテーブルに引き寄せ、パレスチナ自治に道を開いた。パレスチナ側指導者の一人は「巨人（大国）がなし得なかったことをノルウェーは実現した」と評価した。

その後も、スリランカ停戦協定（二〇〇二年）、コロンビア和平交渉（二〇一二年）と和平仲介を手がけ、困難な紛争の平和解決に貢献を続けてきた。クラスター爆弾禁止条約も好例だ。

クラスターは二〇〇三年のイラク戦争などで多用されたが、不発率が高くそれを拾った子供を多く死傷させることから〝チャイルド・キラー〟の異名を持つ。ノルウェーは〇六年に禁止に向けたオスロ会議を開催、〇八年にやはりオスロで禁止条約が調印された。このため禁止までの過程は、オスロプロセスと呼ばれる。

半面、ノルウェーにも少々不都合な真実があることを指摘しておくべきだろう。スウェーデンに本拠を置く、世界的なシンクタンク、ストックホルム国際平和研究所(SIPRI)は毎年、世界の兵器輸出入ランキングを発表しており、その上位は当然ながら米国、ロシア、フランスなどが占めている。積極的に発表されるのは例年上位十位までなので、一般の目に触れることは少ないが、実はノルウェーは二十位内の常連なのだ。ノルウェーにある別のシンクタンクの分析によれば、兵器輸出は北大西洋条約機構(NATO)内の貿易で特に米国向けが多いというが、発明品、ダイナマイトの戦争転用を嘆いて平和賞を設立したアルフレド・ノーベルが知ったらさぞ複雑な反応をするだろうと想像してしまう。

英紙ガーディアンによれば、ノルウェー製の兵器が米英によってイラク侵攻作戦に使われ、一部はパレスチナ攻撃を定期的に続けているイスラエル軍に米軍経由で流れていた事実も発覚、兵器輸出問題は「ノルウェーの小さな汚い秘密」(ガーディアン)となっている。実はスウェーデンも二十位内の常連である。

二〇一一年には、オスロと郊外のキャンプ場の二カ所で、イスラム教徒系移民を憎悪した極右の青年、アンネシュ・ブレイビクが爆弾テロと銃撃で七十七人を殺害する凄惨なテロが起きた。背景にはじわじわとノルウェーに浸透する移民排斥問題がある。〝平和の首都〟も苦悩の最中にある。

†歩いて見たノーベル賞

平和賞を除く各ノーベル賞の授賞式が行われる十二月十日は、ストックホルムが一番輝く日だろう。授賞式会場のストックホルム・コンサートホールは、黒い燕尾服や色鮮やかなドレスに身を包んだ招待客で埋まる。ドレスコードとして、女性には民族衣装が許されているため、招待客である諸外国の外交関係者席では、緑や赤が鮮やかなアフリカン・ドレスや日本の着物、韓国のチマチョゴリを身にまとった女性の姿も目に入る。

式は例年十日の午後四時半ごろに開始される。ドラム演奏とトランペットのファンファーレに続き、グスタフ国王夫妻が青いカーペットが敷き詰められた壇上に入場。ノーベル財団代表の挨拶に続き、各賞の受賞者に証書とメダルが国王から手渡される。続いて受賞者らが五分程度のスピーチ、授賞式は一時間強で終わる。それ以外の余興などはなく、その意味では非常にシンプルな内容だ。

授賞式に出席した賓客らはほとんどが、そのままシャトルバスで十分ほど離れたストックホルム市庁舎に移動し、「青の間」と呼ばれる大ホールで行われる晩餐会に出席する。国王主催の晩餐会はノーベル賞創生期には百人ほどを、市内のグランドホテルに招いての小規模なものだったが、今日では千三百人近くが一堂に会する大晩餐会となった。

記者は二〇一四年、青の間には入りきらない一部の招待客とともに市庁舎内別室で晩餐に参加する機会を得た。メニューは慣例によって、当日まで秘密にされている。

メニューは、カリフラワーのクリームスープの前菜に続くメイン料理が、「赤鹿の風味ローストにニンジンのテリーヌ、ビーツの塩焼きにジャガイモのピューレ添え」であった。スウェーデン料理のトップシェフが心をこめて振舞うという触れ込みではあったが、盛り付けが貧相で、実際に口にしてみると、鹿肉は固く、ぱさぱさした舌触り。記者はグルメではないが、日本人の口に合うとは到底思えなかった。高齢の受賞者の場合には、嚙み切るのさえ大変なのではないかとお節介な心配までしてみたくなる固さだった。

この別室には五、六人が着席できる丸テーブルが七、八個並んでおり、青の間の状況を大きなテレビモニターで眺めながら、同じ食事をまったく同時に楽しむ趣向であったが、メイン会場に比べ、華やかさに欠ける雰囲気であることは否めない。それでも受賞者の所属研究機関の関係者らメインホールに入れない招待客が食事を楽しんでいた。記者がふと横のテーブルを見ると、五、六人で静かに食事を続ける初老のグループがあった。記者と同席したストックホルム市の広報担当者に聞くと、彼らはアルフレド・ノーベルの子孫ということであった。青の間に入るためには優先順位があり、王室、受賞、選考関係者を中心に、学術研究への貢献を認められる人々の優先度が高い。スウェーデン人にとって晩餐会出席は最高の栄誉の一つでもある。ノーベルは子供を残さず、遺言での遺産の配分もノーベル賞賞金向けが大半で、親族への遺産は少額であった。その冷遇ぶりが一世紀以上が過ぎても続いているかのような寒々とした風景であった。

晩餐会が終わると、ノーベル・ナイトキャップと呼ばれるパーティが開かれ、受賞者らはそれらが終わった後に、ようやく長い一日の行事から解放され、宿舎のグランドホテルに向かう。バルト海につながる複雑な海岸線の入り江に臨むこの老舗ホテルは、入り口に踏み入った訪問者を荘厳な雰囲気で包み、内装は王宮と見まがうばかりだ。ただ、受賞式関係者が宿泊するスイートルームは別格として、十二月には安い部屋でも一泊二千九百クローナ（約四万四千円）もするが、記者が泊まった部屋には冷蔵庫もなく、値段ほどの価値があるかを考えると疑問符が付いてしまうところ。最高級の折り紙つきの朝食ビュッフェも報道関係者が多い年はざわついた雰囲気。半分胡坐《あぐら》をかいた格好で、皿を持ち上げ朝ごはんをかき込む日本人受賞者の場違いな姿にも遭遇することがある。

ところで、北欧は音楽の都でもある。授賞式に合わせ、ストックホルムとオスロでそれぞれ記念コンサートが開かれるが、その様子は対照的。ストックホルムでは格式を重視し、国王臨席でひたすらクラシック音楽を演奏する。二〇一五年は、フランツ・ウェルザーメスト氏が指揮するロイヤル・ストックホルム・フィルハーモニー管弦楽団が、ロシアで注目を集める気鋭の若手ピアニスト、ダニール・トリフォノフ氏を迎え、繊細な叙情にあふれる演奏を披露した。だが、ドレスコードは極めて厳格。記者はチケットを買おうとコンサートホールに出掛けた際、ジャケット姿で入場できるか係員に尋ねた。だが、「国王が来るのに、そんな格好じゃ入れてもらえないわ」との返答。仕方なく購入を断念した。実際、集う人々はみな正装だ。

その前年、オスロではマララとサトヤルティの受賞を祝う記念コンサートに参加した。特に服装の規制はなく、周囲の客に倣って、開演前にビールを買い、席に持ち込んだ。派手な演出のポピュラー音楽が続き、ノリノリの雰囲気。受賞者二人の要望で、出身地のインドとパキスタンからも歌手や演奏者が招かれた。「私はマララ」と歌う少女グループや、インド映画でおなじみのボリウッドダンサーが激しい踊りも披露し、会場を沸かせた。

しかし、オスロのクライマックスは受賞者演説。マララは総立ちになった満場の聴衆の大きな拍手で迎えられた。拍手が約一分間も続いたため、マララはなかなか演説に入れず、「座ってください」と促したほど。「全ての子どもが質の高い教育を受けられるよう、変化を望むなら、共に取り組まなくては」と力強く訴えた。

†死者にノーベル賞

二〇一一年十月三日。この年のノーベル賞受賞者が決まる「ノーベルウィーク」の初日、医学生理学賞の発表を控え、共同通信・ロンドン支局は緊張した雰囲気に包まれていた。記事の執筆は東京本社の科学部が担当するが、日本人が選ばれれば、十二月にストックホルムで行われる授賞式は日本メディアにとって一大イベントになる。北欧をカバーするロンドン支局から記者が出張して取材に当たらなければならない。

結局、選ばれたのは米仏の科学者三人。日本人はいなかった。となれば、あとは本社の科学部にお任せすればいい。担当記者が一息ついていると、ノーベル賞の歴史に残る「珍事」のニュースが飛び込んできた。受賞が決まった三人のうち一人が既に死去していることが分かったというのだ。では、授賞決定はどうなるのか。なぜそんなことが起きてしまったのか。想定外の事態に支局はてんやわんやになった。

死去していたのは、米ロックフェラー大のラルフ・スタインマン教授（六八）。この年の医学生理学賞は、体内に病原体などの異物が侵入したときに働く免疫に関わる重要な発見をしたとして贈られることが決まったのだが、スタインマン教授は〇七年にすい臓がんにかかり、自身が発見した「樹状細胞」を使った免疫療法により延命していたという人物だ。

死去したのは、授賞発表の三日前の九月三十日。家族は死去の事実を公表しておらず、まさに十月三日、公表しようとしていたところ、ノーベル賞決定を知らせる電子メールが教授の携帯電話に届いていることに気付いたという。家族は米ニューヨークのロックフェラー大で記者会見し、数日前に闘病中の教授に「ノーベル賞の発表が来週月曜日にある」と話すと、教授が「それまでがんばらないとな。死んだら、賞はくれないから」と答えたというエピソードも明らかにした。

想定外の事態に慌てたのは、賞の運営団体であるノーベル財団、選考主体であるカロリンスカ研究所も同じだった。ノーベル財団は一九七四年に「死去した人物に賞は授与しない」という規定を定めている。規定通りに解釈すれば当然、スタインマン教授には残念ながら受賞資格はない。このため、カロリンスカ研究所は発表から数時間後、いったん授賞を取り消した。

しかし、同日中に緊急の臨時会合を開いたノーベル財団理事会は、「この規定は対象人物が死亡していることを知りながら受賞者に選ぶことを認めていないという意味だ」という苦肉の解釈をひねりだし、決定は変えずに賞を授与すると発表。「今回の授与はスタインマン教授が存命しているという前提で決められた」と判断したのだ。死者に関する規定には、発表から十二月の授賞式までの間に死亡した場合はそのまま受賞できるとした除外条項があり、今回はその除外条項を適用できるという理屈だった。

七四年以前は、死者が受賞した例が二件ある。三一年に文学賞を受賞したスウェーデンの詩人、エリク・アクセル・カールフェルト（同年四月死去）と、六一年に平和賞を受賞した同国の元国連事務総長、ダグ・ハマーショルド（同年九月死去）だ。七四年以降、前述の除外規定が適用された例としては、九六年の経済学賞で米コロンビア大名誉教授、ウィリアム・ビクリーが授与決定の三日後に死亡したケースが一件あった。

しかしこの場合は、スタインマン教授は発表前に亡くなっているのだから、財団の論法はどう考えても苦しい。そもそも今回の事態、一報を受けた記者の率直な感想は「世界で最も権威のあるノーベル賞で、対象者の生死というそんな基本的なことを確認していなかったのか？」ということだった。読者も、ノーベル賞ともなれば秘密裏に調査を行う探偵のようなスタッフや独自の情報ルートを持っていて、候補者の動静を事細かに調べ上げるといったイメージを持っているかもしれない。だが、冷静に考えてみれば、スウェーデンとノルウェーは、それぞれ人口約一千万人と約五百万人の小国。ノーベル財団と各選考機関の事務局は少数のスタッフで運営しており、受賞者本人の電話番号など連絡先は事前に把握しておくが、リアルタイムで身辺調査をするまでのマンパワーはない。

また、事前に情報が漏れないようにするために本人への連絡は発表の十〜三十分前に電話でするのが通例。本人がつかまらないと、最終段階での生死の確認はできない。それでも、そのまま発表してしまうため、本人がメディアからの取材などで受賞を初めて知るということもしばしば起こる。一四年に物理学賞を受賞した天野浩・名古屋大教授の場合、航空機に搭乗中だったため、乗り継ぎで降りた空港でパソコンを開き、祝福のメールが多数届いていて受賞を知った。

しかし、秘密を守る観点から事前に本人に接触できないという事情を考慮に入れても、ノーベル賞事務局の調査能力は私たちが想像するほどには高くないのである。「死者にノーベル賞授与」という〝事件〟は、記者自身のノーベル賞信仰をも揺さぶる結果になった。

ちなみに、スタインマンの賞は妻が代理で十二月の授賞式に出席して受け取った。

こうした例は手続き上のミスにすぎないが、ノーベル賞は時に、罪深い間違いを犯してきた歴史がある。

一九二六年の医学生理学賞は「寄生虫による発がん」を唱えたデンマークの病理学者ヨハネス・フィービガに授与されたが、後に誤りであったことが分かった。

また、ポルトガルの神経医、エガズ・ムニーズは、精神障害に対する外科療法として「ロボトミー」と呼ばれる前頭葉白質の切断術を開発し、一九四九年の医学生理学賞を受けた。しかし、効果が限定的で、しばしば深刻な副作用が出ることがその後に判明。今では患者を術後に廃人にしてしまう恐れがあるロボトミーは許される治療法ではないが、当時は最先端の発見であった。

こうした苦い経験から、特に科学分野の選考では学術的な価値をめぐって検証に十分な年月を費やすようになったのだ。

「非核三原則」を提唱したことが評価された平和賞の元首相、佐藤栄作が沖縄の本土復帰に際し、米大統領ニクソンとの間で有事の核兵器の持ち込みに関する密約を結んでいたことが後に明るみに出たのは既に述べた。一方で、非暴力主義を貫いたインド独立の父、マハトマ・ガンジーに平和賞を授与しなかったのは「最大の痛恨事」(ノーベル研究所のルンデスタッド所長)とされている。

ノルウェー・ノーベル賞委員会の事務局長も兼任していたルンデスタッドは、二〇一四年の平和賞にインドの非政府組織(NGO)の代表、カイラシュ・サトヤルティを選んだのは、「(ガンジーに平和賞を授与しなかった)われわれの過ちを正す試みだ」と語っている。

†ノーベル賞とギャンブル

ノーベル賞予想がこれほどまでに世界中の注目を集める理由はなぜだろうか。その理由の一つは、人々の「ギャンブル魂」に火を付けるからに違いない。毎年の発表シーズンが近づくと、メディアは受賞者予想に躍起となり、ブックメーカーでも熱い予想合戦が繰り広げられる。「海外のブックメーカーでは、今年もノーベル文学賞の受賞者予想で日本の村上春樹さんが上位となっています……」。近年、日本では半ば恒例となった報道だ。免許を受ければ賭けの事業を合法的に営める英国では、さまざまなブックメーカーが活動している。代表的なところでは「ラドブロークス」や「ウィリアム・ヒル」、他にはアイルランドを拠点とする「パディパワー」などが有名だ。賭けの対象はスポーツ分野が中心ではあるが、それだけにとどまらない。政治や経済も含めたありとあらゆる事象が賭けの対象となっている。

英王室のウィリアム王子夫妻の子どもの名前をめぐっては、懐妊が報じられる度に予想合戦が繰り広げられ、賭けでも大きな盛り上がりを見せる。他にも「ジェームズ・ボンドは次に誰が演じるか」「今年はどの都市がホワイトクリスマスになるか」「エイリアンの存在が証明されるのはいつか」……。人々の発想力のたくましさにはただただ脱帽するばかりだ。

このように、賭け事に対する裾野が広い欧州のブックメーカーの多くでは、ノーベル賞の受賞者を予想するコーナーも毎年設けられる。自然科学三賞についてはやや専門的にすぎるのか、基本的に対象は平和賞と文学賞だ。

一部のブックメーカーはどうして受賞者予想の賭けを実施していないのか疑問を抱き、質問したことがある。「あなたのところではノーベル賞の受賞者予想をしていないが、する予定はあるのか。するとすればいつ始めるのか」。返ってきた答えはこうだった。「あなたがいくらかでもまず賭けて下されば、すぐにでも予想を始めますよ」。少しでも需要があればすぐに応じます、ということらしい。

メディアにとっても、ブックメーカーのオッズに反映される幾多のノーベル賞ウォッチャーたちの動向は無視できない存在だ。ノーベル賞の予想といえばオスロの国際平和研究所（PRIO）が有名だが、専門的な予想を行っている人物や団体は案外少ないため、ブックメーカーの動向は例年、貴重な参考情報の一つとして扱われる。オッズの変動を横目で見ながら、受賞者予想と原稿の準備に励む日々。オッズが掲載されるサイトを見る回数は、賭けの参加者よりも多いのではないかと感じるほどだ。

しかし、ここで根本的な疑問が生じる。ブックメーカーの動向をどこまで有力な情報として扱うか、という問題だ。そもそも、ノーベル賞の受賞者予想は、賭けの対象としては最も効率の悪いものの一つではないだろうか。なぜなら、自分が賭けている対象がそもそも候補者になっているかどうかさえ分からないからだ。

二〇一五年には平和賞で二百七十以上の個人・団体が候補入りし、文学賞では百九十八人が候補となった。しかし、推薦人が例外的に自ら公表するケースを除けば、「五十年ルール」に基づき、具体的な候補者名が選考主体から明かされることは決してない。賭けの参加者にとっては、誰が候補者なのか分からないまま、実質的に無数の潜在候補から賭ける先を選ばなければならないのだ。

そういった意味では、ブックメーカーでのノーベル賞予想は、スポーツ分野の賭けなどに比べると趣味性が強いといえる。「誰が受賞するか」という観点と同時に、人々の「誰に受賞者となってほしいか」という期待も多分に込められているわけだ。選考の対象も途中経過も知らない中での予想であり、基本的にはあくまで「人気投票」ということだ。

一五年に文学賞を受賞した作家、ベラルーシのスベトラーナ・アレクシエービッチは、それ以前の数年間にわたって、各ブックメーカーの文学賞予想でかなりの有力候補として扱われ、大手ラドブロークスのオッズも例年、十倍を切る水準で推移していた。

十四年の受賞者発表を数日後に控えた十月初旬、ラドブロークスの関係者が英メディアに対し興味深い発言をしている。アレクシエービッチに賭けられた申し込み数は「わずか七件だけ」だったというのだ。この関係者は賭け金の額には言及していないが、参加者のほとんどは個人とみられ、総額でもそう大きな額にはならないことは明らかだ。有力候補の作家ですら賭け数が数件であるという実態に照らせば、ノーベル賞予想をめぐる市場の小ささは容易に想像できる。スポーツが幅を利かすブックメーカーの世界では、ノーベル賞予想は「物好きが参加する極めてニッチな市場」と言っても過言ではない。

一六年に歌手として初めて文学賞を受賞した米国の歌手ボブ・ディランも、近年はブックメーカー各社の「常連候補」だった。英メディアによれば、ある年のディランへの賭け金のうち六十五パーセントはなぜかスウェーデンからのものだったという。その理由は謎だが、ディランに関しては、ノーベル文学賞受賞に向けた活動を行う有志グループの存在も知られていた。ディランを推薦した事実を公にしている研究者もおり、ディランが候補に含まれていることは半ば公然の秘密であったことも、賭けで人気を集めた理由だろう。

ノーベル賞を巡る賭けの「市場規模」を考えると、どこの国のどんな作家であれ、ある程度の金額がブックメーカーに集中的に投じられれば、いきなり「有力候補」に躍り出ることが可能だとも言える。そうなった場合、国内外のメディアに取り上げられる結果となり、宣伝効果としては非常に大きなものになるだろう。

ブックメーカーを通じたノーベル賞予想が非常にいびつな状況で行われていることはこれまで紹介した通りだ。数人が賭ければオッズが大きく変動するような予想に、メディアも毎年踊らされていることになる。では、ブックメーカーの予想に頼っても意味がないのか。そんな結論を出したくもなるが、これまでの歴史を振り返ると、必ずしもそうとは言えない事例もある。

文学賞の例を挙げよう。近年を振り返ると二〇一〇年に受賞したマリオ・バルガス・リョサ（ペルー）、一一年のトーマス・トランストロンメル（スウェーデン）、一二年の莫言《モオイエン》（中国）、一三年のアリス・マンロー（カナダ）、前出のスベトラーナ・アレクシエービッチといった作家・詩人は、いずれもブックメーカーの「常連」であり、受賞した年にも予想の上位に入っていた人物だ。特に一一年のトランストロンメルについては、受賞者発表の直前に受賞を予想する賭け金が急増、情報漏れも疑われる事態となった。

一方、一四年のパトリック・モディアノ（フランス）の受賞については、比較的驚きをもって受け止められたと言えるだろう。一四年より前にブックメーカーで上位に入っていた実績があるわけでもなく、文学賞予想の世界では限りなく「新人」に近い存在だったからだ。

だが、毎日のようにブックメーカーのオッズと向き合っていた記者は、ささやかではあるが興味深い事実に気づいていた。文学賞の発表を約一週間後に控えた十月初旬、モディアノの名前がある有力ブックメーカーのサイトに突如として現れたのだ。オッズは十数倍の中位で、賭けが締め切られるまでその位置をキープした。

受賞者の発表日が近づくにつれて、新たな候補が出現したり候補者のオッズが変動したりすることは至極当然のことだ。だが、記者にとってモディアノの登場が印象的だったのには理由がある。

最大の理由は、数多いる「泡沫候補」を飛び越え、新顔であるモディアノがいきなりオッズの中位に入ってきたことだ。これはおそらく、誰かがある程度まとまった額を一度に賭けたことを意味する。「常連だから」「この作家を応援したいから」という理由での賭けとは性格を異にしているように見えた。

さらに、前の理由とは矛盾するようだが、モディアノに賭けたという事実を目立たせたくないという意思の存在を何となく感じたのだ。ブックメーカー一社だけ、しかも目立つ上位には位置させずに他の候補中に埋没させる、という賭け方は、非常に「考えられている」ように思えた。この十月初旬という時期は、受賞者は決まっていないものの、最終の数人まで候補が絞られると言われているタイミングである。

もちろん、記者はこの時点でモディアノが受賞することを予想できたわけではない。あくまで中堅候補とみなす一人にすぎなかった。ただ、オッズの動きが不気味な作家の一人ではあったため、受賞時に備えた原稿を念のため作成した。結果として受賞が決まった時にはこれが速報に役立つことになった。

メディアにとって、なぜ受賞者予想が重要なのか。それは、受賞発表に向けた「予定稿」の準備と密接に関わっているからだ。受賞者が発表された後、少しでも早く報じるため、受賞の可能性が一定以上あると思われる候補については、主要な業績や経歴など事前にある程度の情報を調べ、原稿を用意しておくことが慣例となっている。

予定稿の有無は、当日の報道にとって死活問題だ。受賞者の基本的な情報がしっかりと用意されていた場合、受賞発表から二十〜三十分以内に余裕を持って詳細な原稿を流すことも可能となる。一方で、予定稿のない受賞者の場合は、編集現場は通常大混乱に陥る。自分たちが気に掛けていなかった人物について一から情報を集め、短時間で原稿の形まで仕上げる労力は並大抵のものではない。「この人物の名前は、日本語では片仮名でどのように表記すればよいのか」。一見、当たり前に思えるようなことでも、実は当たり前でないことがたくさんあるものだ。予定稿の有無はまさに「天国と地獄の分かれ道」であり、メディアが予想に躍起となる本当の理由もここにある。

メディアのノーベル賞予想の陰には、膨大な予定稿作りの作業がある。ただ、予定稿作りも簡単ではない。限られた時間の中で、受賞可能性が取りざたされる全ての人物について準備することなど現実的に不可能だ。そこで「どの人物についてどれだけの原稿を準備するか」という点の見極めが、ノーベル賞担当記者にとっての腕の見せ所となる。そして発表当日、受賞者を伝えるニュースの陰には、予定稿として準備されながらも使われることのなかった多数の原稿の存在があるのだ。

ダークホースのモディアノが受賞した一四年の文学賞では、ブックメーカーの動向を注視していたことが功を奏した。ただ、これはあくまで結果論である。あの時モディアノへ資金を投じたのは一体誰なのか、真相は謎だ。明確な意思があったのか、全くの偶然なのか、真実を知るのは本人だけだ。

ただ、基本的には「人気投票」にすぎないブックメーカーの予想でも、使いようによっては役立つ場合がある、ということだ。「たかがブックメーカー、されどブックメーカー」である。ノーベル賞の季節には、オッズ片手に自分なりの予想を立ててみるのも一興かもしれない。

第六章

ノーベル賞の重み

南アフリカのアパルトヘイト（人種隔離）との闘いに生涯を捧げたネルソン・マンデラ元南ア大統領に授与された平和賞のメダル（写真提供：共同通信社）

†ノーベルの遺志とは

ノーベル賞を遺したアルフレド・ノーベルとはどんな人物であったのか。波乱に満ちた生涯を、ノーベル博物館の資料や、元スウェーデン王立アカデミー事務総長、アーリング・ノルビ著『ノーベル賞はこうして決まる』（千葉喜久枝訳）などを元に再現してみよう。

ノーベルは一八三三年ストックホルムで生まれた。日本では江戸時代末期の天保四年、天保の大飢饉が起き、まだ鎖国政策の下にあったころだ。父親のイマヌエルは独学で工学を学び、事業でいったん成功を収めるがアルフレドが生まれた年にストックホルムで手がけていた建設業で失敗し破産したが、その後、ロシアで別の事業で再起し、アルフレドは再び裕福な暮らしに戻る。

当時の欧州の裕福な家庭の慣わしに従い、学校には通わず、家庭教師の下で学んだアルフレドは、化学を学び、十七歳までに五カ国語をマスターした。一八五〇年以降、ドイツ、フランス、イタリア、北米など各地で発明家や科学者らの実験室などで助手を務めながら勉学を続け、六三年にニトログリセリンを爆薬として利用する技術を開発、特許を取得した。これがダイナマイトの原型であった。ダイナマイトは建設現場で多用され、ノーベルに巨額の富をもたらした。四十歳を過ぎてからはパリや、イタリアのサンレモなどに居宅や実験室を構え生活と研究を続ける。一八九六年十二月十日にサンレモで脳溢血などのために死去するまでに申請した特許の数は三百五十五に上った。

十代のころから「聡明だが孤独で内向的」と評されたノーベル。大富豪でありながら、生涯独身を守り、子供もいなかった。興味深いことに、医者と弁護士が大嫌いであったという。医者は「専門バカ」、弁護士に至っては「法律上の手続きを食い物にしている寄生虫」と呼んでいた。ノーベル自身が「私は人付き合いが悪いが、慈悲の心を持つ。少々頭がおかしいが、途轍もない理想主義者。そして食物よりも哲学をより良く消化する」と表現していた。

研究の傍ら、戯曲や詩をしたためるなど文学を愛した。このことが文学賞をノーベル賞に入れた理由とされている。また、オーストリアの平和主義者ベルタ・フォン・ズットナー（一九〇五年に平和賞受賞）との交流で、平和主義に目覚め、平和賞を設定したともいわれる。また一八八八年に兄が死亡した際、アルフレド・ノーベルが死亡したと勘違いした新聞記者が「かつてないほどの多数の人間を殺害する方法を発見し、富を築いた人物が死亡」と報じたことにショックを受け、〝死の商人〟というイメージを払拭したかったという説も有力だ。

明確な動機は遺言にも書き記されていないので、賞創設の本当の理由は見えにくい。ただ当時ノーベルは、ロケットや大砲の開発などにも従事したが、効果の高い爆発物を開発すれば犠牲を恐れて戦争が起こらなくなると、現在の核抑止力理論にも通じる考えを持っていたのは間違いないようだ。

ノーベル賞をめぐる謎の一つに、これだけ科学の王道を歩んだノーベルがなぜ「すべての科学の母」と称される数学を授賞対象にしなかったのかというものがある。理由をめぐってはいくつかの説が存在するが、生前にスウェーデンの数学者といさかいがあったためという説が有力だ。六十三歳で死去するまでに遺した遺書でノーベル賞の創設を指示したが、受賞者に関してはスカンジナビア人か否かにこだわらず、賞を授けるとしたことに、愛国的なスウェーデン国王が反発、一九〇一年の第一回授賞式に国王は出席しなかった。

興味深いことに、ノーベル博物館の上級学芸員で歴史家のグスタフ・カールストランドによれば、ノーベルの遺志は、当初〝迷惑な遺産〟だったのだという。それは、医学生理学のカロリンスカ研究所を始め、選考機関が事前の接触なしに、勝手にノーベルの遺言によって、重要な賞の受賞者選考という重責を負わされたからだった。当時、ノーベル賞設立を報じたニューヨーク・タイムズが「ノーベル賞はスウェーデンに栄誉より問題をもたらすだろう」と指摘したように、各選考機関はノーベル賞に関与することに後ろ向きだった。ひとえに「最高の賞を選ぶのは、並大抵の責務ではないと分かっていたから。もし最良の選択をし損じたらどうなるかという恐れに押し潰されそうだった」(カールストランド)という。

創生期のそうした悩みを解消したのが、現在に引き継がれている推薦制度で、トップクラスの専門家がある程度絞り込み、専門的な知見を添えてくれた候補者の中からベストを選ぶという負担軽減のおかげで、ノーベル賞は無事産声を上げることができたのだ。

†受賞メダルの重み

物理学賞を受賞した赤崎勇は、授賞式後の帰国記者会見で、「重いです。みなさん（報道陣）が来て騒ぐほどの重さだ」とメダルの印象をユーモラスに語った。一方、中村修二は「ただの金属」と言い切った。この言葉に込められたメッセージは「研究成果だけが重要なのであって、必ずしも評価ではない」という彼特有の哲学なのだろう。

実際、一九七一年にノーベル経済学賞を受けた米経済学者の故サイモン・クズネッツの息子は、メダルを競売で売り払ってしまった。「メダルは四十数年、金庫に入れっぱなしだった。両親の写真や思い出の方がよほど大切」というのが理由だった。二〇一五年にも米国立フェルミ加速器研究所所長、レオン・レーダーマンの受賞メダルがオンラインで競売に掛けられ、約七十五万ドルで落札された。その理由は「ログキャビンの別荘を買いたい」だったから驚きである。

様々なドラマや思いが込められるノーベルメダルはどうやって作られているのかが気になり、平和賞を除く四賞のメダルを製造するスウェーデン南部エスキルストゥーナ市にある「スウェーデン・メダル社」を訪ねた。メダルは、機械を使いながらも、熟練の職人が情熱を注いだ技の結晶だった。製作責任者のニクラス・クバンストロームによると、製作には約三週間を要し、丸くカットした金版の両面を何度も丁寧に加工する。「特にアルフレド・ノーベルの髪や目の表情、服のしわなど全てを、研磨やプレスの繰り返しできれいな浮き彫りにするのに大変な神経を使う」という。

オスロで授賞式が行われる平和賞のメダルはノルウェーで作られるが、他賞は全て同社作製で、直径六六ミリ、厚さは三・五ミリ。かつては全部が純金だったが、現在では実は金メッキ加工でできている。表側は全てノーベルの肖像、裏側は各賞で異なり、物理学賞と化学賞のメダルは、豊穣の女神がデザインされ、医学生理学賞は医学の神が泉の水を汲み、文学賞では詩人が女神の奏でる音楽を聞いている図があしらわれている。

このメダルや賞に込められたノーベルの思いを紹介しよう。一時期、父の事業の失敗で生活苦を味わったノーベルは、遺言をまとめた際、当時の物価水準で途方もない金額であった賞金を与えたのは、金持ちの道楽でも単純な話題作りのためでもなかった。人類の発展に貢献するほどの優れた研究や作品を生んだ才能を賞賛しつつ、そうした才能の持ち主が一生、資金の心配をせずにそれぞれの仕事に打ちこめるようにしたいとの願いが込められていた。もともとノーベル賞受賞は出発点であり、最終到達点ではなかったのだ。

ている。

†ノーベル賞の制度疲労

ノーベル賞が生まれて一世紀を超えた。権威と注目度は恐らくノーベルの願いを越えて大きくなったが、平和賞や物理、化学、医学生理学賞についてはいくつかの課題が露わになってきている。

まず平和賞では、多くの批判が集中したように、バラク・オバマ米大統領への授与は失敗であった。肝心の核兵器廃絶への明確な工程を示せなかったばかりか、クリミア半島併合にみられるロシアの暴挙、シリア、パレスチナ情勢に見られる中東民主化、和平確立の失敗。南シナ海などで顕著となった中国の横暴や、北朝鮮とは関与をためらい四回目の核実験と、長距離弾道ミサイルの発射実験を許した。わずかに評価できるのは、アフガニスタンとイラクからの米軍撤退だが、これとて国内向けのアピール要素が強く、治安が万全になったからとは到底言えない。十年を超える派兵にもはや米国内世論が耐えきれなくなったために、国づくり支援を途中で放棄して逃げ出したにすぎない。米国は世界の警察官であることは既に事実上やめており、不安定な問題を米国による外交に責任を負わせることはできない。しかし、その解決や改善への期待を、〝平和賞の応援授与〟という形で一方的に米国大統領の背中に負わせたノーベル賞委員会の姿勢は批判されてしかるべきだ。

そして地球温暖化や貧困、女性の権利、教育権など、平和の周辺環境にまで受賞対象を広げたことに関する批判は今後も続くだろう。一九三五年の受賞者でナチス支配下だったドイツの反戦ジャーナリスト、カール・フォン・オシエツキ以来守られている人権を守る闘いは評価されてしかるべきだろうが、今後、広がり続ける〝平和の定義〟に関しては一定の枠組みの再構成が求められているように見える。

物理、化学、医学生理学の自然科学系分野では、大きく二つの問題が鋭く指摘されている。第一には、授賞対象が最高で三人に限定されている問題。ノーベルが生きた十九世紀後半の科学と現代の科学の変容ぶりに関しては説明の必要はないだろう。だが、ノーベル賞は、一つの発明や発見が一人(受賞では三人まで)の科学者の手によってもたらされているという旧態依然とした思考によって行われている。一例では、ヒッグス粒子の存在を予言し一三年の物理学賞を受けた英エディンバラ大のピーター・ヒッグス名誉教授のケースだ。英誌エコノミストによれば、ヒッグスが論文を発表した前後数カ月の間に、少なくとも五人の科学者が同様の理論を発表しているが、ノーベル賞を同時受賞できたのは、ヒッグス自身と、やはり同時期発表のベルギー・ブリュッセル自由大のフランソワ・アングレール名誉教授だけだ。

世界で科学者が千人程度しかいなかったノーベルの時代とは違い、一つの分野の研究を世界中の多くの科学者が成果を競い合う世界を、現代のノーベル賞は生きている。アングレールは、共同通信とのインタビューで、南部陽一郎・米シカゴ大名誉教授について「南部がいなければヒッグス粒子を生み出す仕組みの理論は生まれなかった」と話している。現代の科学は各研究が相互作用し発展を続けているのだ。幸いにして南部の功績はヒッグスとアングレールに先んじてノーベル賞の対象となったが、輝かしいノーベル賞の舞台裏には、忘れ去られた多くの研究論文と研究者がいる。さらに、ヒッグスらは、物に重さがあるのは、宇宙を満たすヒッグス粒子に動きを邪魔されているからだという理論を提唱したが、発表から半世紀ほど実証ができず、これが正しいことを立証したのは、欧州合同原子核研究所（CERN）の巨大加速器LHCの実験だ。

一三年の受賞発表前には、CERNが団体受賞するのではないかとの推測が流れたが、委員会の決定は従来通りの個人対象であった。平和賞でノルウェーのノーベル賞委員会が主張するように「時代とともに変わる定義」を念頭に規約を見直すべき時が来た。少なくとも、選考プロセス中に検討対象になった、研究者らの名前と貢献業績を付記することへの配慮が必要だ。

第二に、選考まで時間が掛かりすぎる問題。ヒッグス粒子の例を見るまでもなく、論文や発見の発表から受賞までは早くて数年、長い場合には半世紀かかってしまう。成果を急ぎ過ぎると、ロボトミー手術を対象にした受賞といった過去の失敗が繰り返されてしまう恐れがあるのは事実だ。しかし、受賞者の年齢が七十代や八十代に及ぶ現状では、多額の賞金を使って生涯自由に研究が続けられるようにしたいというアルフレド・ノーベルの遺志は生かされないだろう。

受賞者が若ければ、ノーベル賞がもたらす研究資金や影響力は、時間的により有効に活用できる。人工多能性幹細胞（iPS細胞）を開発し一二年に医学生理学賞を受賞した京都大の山中伸弥教授が受賞後も目覚ましい活躍を続けているのは好例だ。この例に鑑みても、選考の迅速化が各ノーベル賞委員会とノーベル財団に求められている。

エピローグ

ノーベル賞が求める創造性とは

ノーベル賞授賞式に合わせてストックホルムで開かれるダイアログ・ウィーク。過去の受賞者らが人類の科学のあるべき姿や創造性について意見を交わした（著者撮影）

かつて日本が経済力で世界一となることを夢見た時代は既に遠く、ソニーやシャープなど世界の市場を席捲したトップブランドはその地位を失って久しい。漠然とした灰色の不安を抱えながら、ノーベル賞をオリンピックやサッカーのワールドカップと同一視し、ノーベル賞が一つ加わるたびに、国や民族のランクが一つ上がったかのような陶酔感を味わう日本人の何と多いことか。しかも、最近ではお隣の韓国や中国もこのノーベル賞競争に参加し、三国が東アジアという小さなコップの中で嵐を巻き起こしている。経済力や外交、軍事力、果てはスポーツの諸方面でレースを続ける日中韓の三カ国だが、ことノーベル賞に関しては日本が断然トップを走っている。そのことに優越感を抱く日本人は少なくない。

だがアルフレド・ノーベルはこんなことを望んだのだろうか？

答えはノーだ。あまり知られていないことで、意外に思う人も多いだろうが、アルフレド・ノーベルの遺言はこうした考え方を明確に否定している。

「賞を与えるに当たっては、候補の国籍が考慮されてはならない」。さらに「スカンジナビア人か否か」についても考慮の対象外だとノーベルは付け加えた。

当時を振り返ってみよう。ノーベルが死去したのは一八九六年。西欧列強諸国は植民地獲得競争に明け暮れ、日本では日清戦争（九四年）が起きた時代だ。人種・民族差別など当たり前すぎて問題視すらされないころ、ノーベルは人類への貢献を賞の判断基準とし、国籍という基準を排除した。賞の第一回授賞式（一九〇一年）にスウェーデン国王は出席しなかったとされる。ノーベルが遺言で残した「人種・国籍を超えた人類への貢献」という理想が、当時は一種の過激思想であり、国家にとっては危険な存在だったのだ。

そしてその精神こそが一世紀以上にわたってノーベル賞を人類の灯として輝かせてきた。ノーベル財団は、受賞者を指す際に勝者や獲得者を意味する「WINNER」という言葉が使われることを極端に嫌う。栄誉や栄冠にふさわしい人物を示す「LAUREATE」と呼ぶ。何度かのインタビューで記者がうっかり「PRIZE　WINNER（賞獲得者）」という言葉を口にすると、温和な人柄のノーベル賞関係者も顔をしかめ、強い口調で「LAUREATE」と言い直される。

在ストックホルムの外交筋によると、ノーベル財団は、受賞祝賀会を各国外交団の大使館や大使公邸で行うことを不快に感じており、祝賀会の禁止令すら出された時期があった。「ノーベル賞は個人に対して授与されるものであり、国家に対して与えるものではない」というのがその〝禁止令〟の理由だったという。

日本がらみでノーベル財団や選考委員会側がこの問題をどれだけ真剣に考えているかを証明するエピソードも残っている。

京都大の山中伸弥が医学生理学賞の報を受け取った一二年十月八日、山中は京都大で記者会見を行った。その際に山中は冒頭、「日本、日の丸の支援がなければ、こんなに素晴らしい賞を受賞できなかった。まさに日本が受賞した賞」と発言した。日本の人々は当たり前の謝辞として受け止めたが、ある外交筋によると、この発言内容にノーベル賞委員会が激怒した。それだけにとどまらず、委員側は「あんな発言は絶対にしてはいけない」と異例の警告を発したのだという。国家と個人を一切の妥協なく切り離すノーベル賞の精神がこの知られざる騒動の裏には隠されているのだ。

このエピソードは、もう一つの大事な事実を私たちに教えている。それはノーベル賞委員会が政治性を排除した選考を守り抜こうとしていることだ。委員会側の見方に立てば、山中の日本政府に対する謝辞は、受賞者の功績と国家を混同したもの。ひいては「ノーベル賞は日本という国を意識して受賞者を選んだ」という批判につながりかねない。特に自然科学系のノーベル賞にそうした政治性が入り込む余地はないはずだが、アルフレド・ノーベルの精神を汚す可能性が生まれること自体を彼らは嫌悪している。

ところが、日本ではノーベルのこうした思想や哲学が理解されていない。ノーベル賞側が常に個人と人類全体を見ているのと対照的に、日本人はノーベル賞に国家と民族の存在意義を探求しているようにすら見える。皮肉なことに、日本人がノーベル賞に熱くなるほどに、賞の本質との溝は深まってしまっているのだ。

二〇〇〇年に電導性高分子プラスチックの研究で化学賞を受賞した白川英樹筑波大名誉教授は、ノーベル賞百周年を記念するフォーラムで基調講演し、こう発言している。

「ノーベル賞ともなると、何でこんなに大げさになるのかというのが率直な感想」と講演を始めた白川は、「日本は受賞者が少ないこともあって、あまりにも大げさに（受賞が）取り扱われているのではないか」と日本の風潮に苦言を呈した。

ノーベル賞受賞者を神の託宣を伝える神官のように崇拝する日本の社会に対してはこうも言っている。「受賞者は発言力があるのだから、教育問題や大学問題などについて大いに発言をしてほしい。科学の発展のために、受賞者として発言する社会的義務があるとすらいわれる。私としては、それはちょっと待ってください。話が違うんじゃないか、と言いたい。私は電導性高分子の研究でノーベル賞をもらったが、それ以上でもそれ以下でもない。専門分野以外でも発言が尊重されるのは奇妙なことだ」

白川はさらに日本の創造性をめぐる問題を鋭く分析した。「日本は独創性や創造性に富んだ人材を育てる教育をしてこなかった。出るくいは打たれる、変わり者は排除する。知識偏重主義の風潮が今も大学入試にある。それも身についた知識ではなく、当面覚えただけの知識で学力を判断している」

大学などの研究機関でも「狭い範囲の仲間と固まって、その中だけで済ませてしまう。異質なものを認めない。自己を主張しない。個性を尊重しない。そういう雰囲気の中で、お互いを厳しく批判したり、評価したりしない」のが依然根強い研究現場の欠点なのだと指摘した。

高崎経済大の吉武信彦教授も同意見で、「日本人はノーベル賞をもらえるかどうかで一喜一憂しすぎ。もう少し冷静に見ることも必要だ」と指摘する。その歴史背景について吉武は「湯川秀樹の物理学賞受賞が、戦後間もない日本に希望を与えたため、ノーベル賞の位置づけが格段に高まった。ノーベル賞をもらうことが日本の学問水準の高さ、文化の高さを示す最も重要な指標ととらえられるようになった」という。

政府が掛け声を出し、受賞数を増やそうとする姿勢についても、吉武は「ノーベル賞だけを狙うのは健全な学問の発展を阻害する恐れがある。学問には様々な専門分野があるのに、ノーベル賞だけを目指しては学問のバランスの良い発展を阻害する」と警鐘を鳴らした。

こうした側面で、欧米諸国でのノーベル賞への反応は地に足がついている印象がある。ノーベル賞受賞者を多数輩出する米国や英国のメディアは自国民が受賞しても、さほど大騒ぎはしない。二〇一二年に京大の山中伸弥と医学生理学賞を受けた英ケンブリッジ大のジョン・ガードン名誉教授が急きょロンドンで記者会見した際、会場を埋めたのは日本人記者であった。翌日の英メディアは、ガードンの偉業をたたえる代わりに、十五歳当時通っていた英名門イートン校で受け取った生物学の通知表で「科学者を目指すと承知しているが、ばかげた考えだ。本人にとっても教える側にとっても完全な時間の無駄」と酷評されたことを大きく伝えていた。

記者は、二〇〇六年にRNA干渉の研究で医学生理学賞を受けたクレイグ・メローと話す機会があった際、質問をしたことがある。

「ノーベル賞を受けたことであなたの人生はどう変わりましたか?」

メローは笑顔で即答した。

「受賞が決まった日、何年も会っていなかった友人から電話が来た。まだウインドサーフィンを続けているかとね。そして友人のこのときの薦めで、カイトボードを始めたのさ。人生が変わったね。そうそう、仕事も少し忙しくなったかな」。メローは受賞後も淡々と研究を続ける日々だ。受賞者を国民的英雄に祭り上げ、崇拝の対象とする日本とは何と大きな差だろう。ノーベル賞の大量受賞構想を打ち上げ、賞の数に一喜一憂するのも国や民族として一つのあり方だろう。だが、日本は真のノーベル的価値観の道を歩んでいるのだろうか。世界の大学ランキングでは常に上位十位内にあり、約三十人のノーベル賞受賞者を輩出しているユニバーシティ・カレッジ・ロンドンで能力開発プロジェクトに従事する担当者は、記者にこう語った。

「日本人の学生は優秀で、問題解決には優れているが、研究費を与えて、自由にして良いと言われると、途端に何もできなくなる」

本書でいくつかの例を指摘したように、そもそもノーベル賞は完全無欠ではない。それにもかかわらず、メダルの重さや賞の権威に圧倒され、受賞者を崇拝の対象とする文化からは、次のSTAP細胞事件は生まれても、多様な創造性は育まれないだろう。科学分野では、米国のベンジャミン・フランクリンメダルやイスラエルのウルフ賞、文学の分野でも英国のブッカー賞など、目を大きく見開けば、世界には多くの優れた賞が存在する。

多くの人がこうした事実に目をつぶり、ノーベル賞至上主義に陥っている。そのくせ、選考委員からは「日本からの推薦状回答率は低い」という声がしばしば上がっているのが実情であることを、ほとんどの日本人は知らないのではないか。ノーベル賞の権威と象牙の塔や業界内の嫉妬やしがらみに縛られ、身動きが取れなくなっている専門家らの姿が目に浮かぶ。

白川やノーベル賞研究の専門家、ディクセルらの指摘が一致した創造性の諸問題や欠点が改善され、ノーベル賞が国家や大学のランキング競争ではないことが理解されれば、日本におけるノーベル賞の位置は変わっていくだろう。

逆説的だが、「たかがノーベル」とうそぶけるほど、ノーベル賞との理性的な距離感をつかんだとき、真の創造性を携えた数多の才能が日本各地に咲き誇るのではないか。

文化や言葉の壁を悠々と飛び越える文学や、政治的思惑によらない真の平和貢献もしかり。そしてその頃には、日本のトップ研究機関で学んだアジア各国出身の研究者らが〝日本発〟LAUREATEとしてストックホルム・コンサートホールの授賞式で、ノーベルを示す「N」

マークが刻まれた、青く輝く絨毯を、夢見心地で踏むだろう。ノーベルの時代から見れば辺境の日本が、そうした役割を果たす時、ノーベルの夢が叶ったといえるのではないだろうか。

足かけ三年に及ぶ取材、執筆では数え切れない人々にお世話になった。インタビューに応じてくださった方々や、筑摩書房編集者の松本良次氏。出版に向けアドバイス頂いた敬愛する先輩、藤原聡氏。特に共同通信のストックホルム通信員の高橋功氏と奥様の里栄子さんには深く深く感謝申し上げたい。

ちくま新書
1289

ノーベル賞《しょう》の舞《ぶ》台裏《たいうら》

二〇一七年一一月一〇日　第一刷発行

編者　共同通信《きょうどうつうしん》ロンドン支局取材班《しきょくしゅざいはん》

発行者　山野浩一

発行所　株式会社　筑摩書房
東京都台東区蔵前二-五-三　郵便番号一一一-八七五五
振替〇〇一六〇-八-四一二三

装幀者　間村俊一

印刷・製本　三松堂印刷　株式会社

乱丁・落丁本の場合は、左記宛にご送付ください。
送料小社負担でお取り替えいたします。
ご注文・お問い合わせも左記へお願いいたします。
〒三三一-八五〇七　さいたま市北区櫛引町二-六〇四
筑摩書房サービスセンター　電話〇四八-六五一-〇〇五三

ISBN978-4-480-07103-3 C0200

ちくま新書

958
ヒトは一二〇歳まで生きられる
――寿命の分子生物学
杉本正信
ストレスや放射能、病原体に打ち勝ち長生きする力は誰にでも備わっている。長寿遺伝子や寿命を支える免疫・修復・再生のメカニズムを解明。長生きの秘訣を探る。

970
遺伝子の不都合な真実
――すべての能力は遺伝である
安藤寿康
勉強ができるのは生まれつきなのか？　IQ・人格・お金を稼ぐ力まで、「能力」の正体を徹底分析。行動遺伝学の最前線から、遺伝の隠された真実を明かす。

1140
がん幹細胞の謎にせまる
――新時代の先端がん治療へ
山崎裕人
人類最大の敵であるがん。iPS細胞に代表される進歩著しい幹細胞研究。両者が出会うことでうまれた「がん幹細胞理論」とは何か。これから治療はどう変わるか。

757
サブリミナル・インパクト
――情動と潜在認知の現代
下條信輔
巷にあふれる過剰な刺激は、私たちの情動を揺さぶり潜在脳に働きかけて、選択や意思決定にまで影を落とす。心の潜在性という沃野から浮かび上がる新たな人間観とは。

035
ケインズ
――時代と経済学
吉川洋
マクロ経済学を確立した20世紀最大の経済学者ケインズ。世界経済の動きとリアルタイムで対峙して財政・金融政策の重要性を訴えた巨人の思想と理論を明快に説く。

785
経済学の名著30
松原隆一郎
スミス、マルクスから、ケインズ、ハイエクを経てセンまで。各時代の危機に対峙することで生まれた古典には混沌とする経済の今を捉えるためのヒントが満ちている！

837
入門　経済学の歴史
根井雅弘
偉大な経済学者たちは時代の課題とどう向き合い、それぞれの理論を構築したのか。主要テーマ別に学説史を描くことで読者の有機的な理解を促進する決定版テキスト。

ちくま新書

1033
平和構築入門
——その思想と方法を問いなおす
篠田英朗
平和はいかにしてつくられるものなのか。武力介入や犯罪処罰、開発援助、人命救助など、その実際的手法と背景にある思想をわかりやすく解説する、必読の入門書。

1111
平和のための戦争論
——集団的自衛権は何をもたらすのか?
植木千可子
「戦争をするか、否か」を決めるのは、私たちの責任になる。集団的自衛権の容認によって、日本と世界はどう変わるのか? 現実的な視点から徹底的に考えぬく。

304
「できる人」はどこがちがうのか
齋藤孝
「できる人」は上達の秘訣を持っている。それはどうすれば身につけられるか。さまざまな領域の達人たちの〈技〉を探り、二一世紀を生き抜く〈三つの力〉を提案する。

817
教育の職業的意義
——若者、学校、社会をつなぐ
本田由紀
このままでは、教育も仕事も、若者たちにとって壮大な詐欺でしかない。教育と社会との壊れた連環を修復し、日本社会の再編を考える。

772
学歴分断社会
吉川徹
格差問題を生む主たる原因は学歴にある。そして今、日本社会は大卒か非大卒かに分断されてきた。そのメカニズムを解明し、問題点を指摘し、今後を展望する。

809
ドキュメント 高校中退
——いま、貧困がうまれる場所
青砥恭
高校を中退し、アルバイトすらできない貧困状態へと落ちていく。もはやそれは教育問題ではなく、社会を揺るがす問題である。知られざる高校中退の実態に迫る。

1113
日本の大課題 子どもの貧困
——社会的養護の現場から考える
池上彰編
格差が極まるいま、家庭で育つことができない子どもが増えている。児童養護施設の現場から、子どもの貧困についての実態をレポートし、課題と展望を明快にえがく。

ちくま新書

317
死生観を問いなおす
広井良典
社会の高齢化にともなって、死がますます身近な問題になってきた。宇宙や生命全体の流れの中で、個々の生や死がどんな位置にあり、どんな意味をもつのか考える。

541
内部被曝の脅威
――原爆から劣化ウラン弾まで
肥田舜太郎
鎌仲ひとみ
劣化ウラン弾の使用により、内部被曝の脅威が世界中に広がっている。広島での被曝体験を持つ医師と気鋭の社会派ジャーナリストが、その脅威の実相に斬り込む。

606
持続可能な福祉社会
――「もうひとつの日本」の構想
広井良典
誰もが共通のスタートラインに立つにはどんな制度が必要か。個人の生活保障や分配の公正が実現され環境制約とも両立する、持続可能な福祉社会を具体的に構想する。

659
現代の貧困
――ワーキングプア／ホームレス／生活保護
岩田正美
貧困は人々の人格も、家族も、希望も、やすやすと打ち砕く。この国で今、そうした貧困に苦しむのは「不利な人々」ばかりだ。なぜ？ 処方箋は？ をトータルに描く。

683
ウェブ炎上
――ネット群集の暴走と可能性
荻上チキ
ブログ等で、ある人物への批判が殺到し、収拾不能になることがある。こうした「炎上」が生じる仕組みを明らかにし、その可能性を探る。ネット時代の教養書である。

711
高校野球「裏」ビジネス
軍司貞則
裏金事件に端を発し、特待生制度問題に発展したプロアマ球界の大騒動。その核心はどこにあるのか。夢や情熱をカネに換える手口とは。国民的スポーツの闇を暴く！

710
友だち地獄
――「空気を読む」世代のサバイバル
土井隆義
周囲から浮かないよう気を遣い、その場の空気を読もうとするケータイ世代。いじめ、ひきこもり、リストカットなどから、若い人たちのキツさと希望のありかを描く。

ちくま新書

939 **タブーの正体！**
——マスコミが「あのこと」に触れない理由
川端幹人
電力会社から人気タレント、皇室タブーまで、マスコミ各社が過剰な自己規制に走ってしまうのはなぜか？『噂の眞相』元副編集長がそのメカニズムに鋭く迫る！

941 **限界集落の真実**
——過疎の村は消えるか？
山下祐介
「限界集落はどこも消滅寸前」は嘘である。危機を煽り立てるだけの報道や、カネによる解決に終始する政府の過疎対策の誤りを正し、真の地域再生とは何かを考える。

947 **若者が無縁化する**
——仕事・福祉・コミュニティでつなぐ
宮本みち子
高校中退者、若者ホームレス、低学歴ニート、世の中から切り捨てられ、孤立する若者たち。彼らを社会につなぎとめるために、現状を分析し、解決策を探る一冊。

955 **ルポ 賃金差別**
竹信三恵子
パート、嘱託、派遣、契約、正規……。同じ仕事内容でも、賃金に差が生じるのはなぜか？ 非正規雇用という現代の「身分制」をえぐる、衝撃のノンフィクション！

971 **夢の原子力**
——Atoms for Dream
吉見俊哉
戦後日本は、どのように原子力を受け入れたのか。核戦争の「恐怖」から成長の「希望」へと転換する軌跡を、緻密な歴史分析から、ダイナミックに抉り出す。

981 **脳は美をどう感じるか**
——アートの脳科学
川畑秀明
なぜ人はアートに感動するのだろうか。モネ、ゴッホ、フェルメール、モンドリアン、ポロックなどの名画を題材に、人間の脳に秘められた最大の謎を探究する。

992 **「豊かな地域」はどこがちがうのか**
——地域間競争の時代
根本祐二
低成長・人口減少の続く今、地域間の「パイの奪いあい」が激化している。成長している地域は何がちがうのか？北海道から沖縄まで、11の成功地域の秘訣を解く。

ちくま新書

995 東北発の震災論
——周辺から広域システムを考える
山下祐介
中心のために周辺がリスクを負う「広域システム」。その巨大で複雑な機構が原発問題や震災復興を困難に追い込んでいる現状を、気鋭の社会学者が現地から報告する。

1001 日本文化の論点
宇野常寛
私たちは今、何に魅せられ、何を想像／創造しているのか。私たちの文化と社会はこれからどこへ向かうのか。人間と社会との新しい関係を説く、渾身の現代文化論！

1020 生活保護
——知られざる恐怖の現場
今野晴貴
高まる生活保護バッシング。その現場では、いったい何が起きているのか。自殺、餓死、孤立死……。追いつめられ、命までも奪われる「恐怖の現場」の真相に迫る。

1024 規制改革で何が変わるのか
八代尚宏
日本の経済社会を活性化するには、どうすればいいか。労働、農業、医療、介護・保育、教育、都市・住宅の6つの視点から、規制改革の核心へ鮮やかに迫る。

1029 ルポ 虐待
——大阪二児置き去り死事件
杉山春
なぜ二人の幼児は餓死しなければならなかったのか？ 現代の奈落に落ちた母子の人生を追い、女性の貧困を問うルポルタージュ。信田さよ子氏、國分功一郎氏推薦。

1038 1995年
速水健朗
1995年に、何が終わり、何が始まったのか。大震災とオウム事件の起きた「時代の転機」を読みとき、その全貌を描く現代史！ 現代日本は、ここから始まる。

1053 自閉症スペクトラムとは何か
——ひとの「関わり」の謎に挑む
千住淳
他者や社会との「関わり」に困難さを抱える自閉症。その原因は何か。その障壁とはどのようなものか。診断・遺伝・発達などの視点から、脳科学者が明晰に説く。

ちくま新書

1064
日本漁業の真実
濱田武士
減る魚資源、衰退する漁村、絶えない国際紛争……。漁業は現代を代表する「課題先進産業」だ。その漁業に何が起きているのか。知られざる全貌を明かす決定版！

1063
インフラの呪縛
——公共事業はなぜ迷走するのか
山岡淳一郎
公共事業はいつの時代も政治に翻弄されてきた。道路、ダム、鉄道——国の根幹をなすインフラ形成の歴史を追い、日本のあるべき姿を問う。もう善悪では語れない！

1066
使える行動分析学
——じぶん実験のすすめ
島宗理
仕事、勉強、恋愛、ダイエット……。できない、守れないのは意志や能力の問題じゃない。行動分析学の理論で推理し行動を変える「じぶん実験」で解決できます！

1074
お金で世界が見えてくる！
池上彰
お金はどう使われているか？　お金と世界情勢のつながりとは？　円、ドル、ユーロ……、世界を動かすお金を徹底解説。お金を見れば、世界の動きは一目でわかる！

1077
記憶力の正体
——人はなぜ忘れるのか？
高橋雅延
物忘れをなくしたい。嫌な思い出を忘れたい。本当に記憶を操作することはできるのか？　多くの人を魅了する記憶力の不思議を、実験や体験をもとに解説する。

1078
日本劣化論
笠井潔
白井聡
幼稚化した保守、アメリカと天皇、反知性主義の台頭、左右の迷走、日中衝突の末路……。戦後日本は一体どこまで堕ちていくのか？　安易な議論に与せず徹底討論。

1091
もじれる社会
——戦後日本型循環モデルを超えて
本田由紀
もじれる＝もつれ＋こじれ。行き詰まり、悶々とした状況にある日本社会の見取図を描き直し、教育・仕事・家族の各領域が抱える問題を分析、解決策を考える。

1090 反福祉論 ——新時代のセーフティーネットを求めて
金菱清
大澤史伸
福祉に頼らずに生き生きと暮らす、生活困窮者やホームレス。制度に代わる保障を発達させてきた彼らの生活実践に学び、福祉の限界を超える新しい社会を構想する。

1094 東京都市計画の遺産 ——防災・復興・オリンピック
越澤明
幾多の惨禍から何度も再生してきた東京。だが、インフラ未整備の地区は数多い。首都大地震、防災への備え、五輪へ向けた国際都市づくりなど、いま何が必要か?

1097 意思決定トレーニング
印南一路
優柔不断とお悩みのあなた! それは性格のせいではなく、決め方を知らないのが原因です。ダメなルールをやめて、誰もが納得できる論理的な方法を教えます。

1100 地方消滅の罠 ——「増田レポート」と人口減少社会の正体
山下祐介
「半数の市町村が消滅する」は嘘だ。「選択と集中」などという論理を振りかざし、地方を消滅させようとしているのは誰なのか。いま話題の増田レポートの虚妄を暴く。

1108 老人喰い ——高齢者を狙う詐欺の正体
鈴木大介
オレオレ詐欺、騙り調査、やられ名簿……。平均貯蓄額2000万円の高齢者を狙った、「老人喰い＝特殊詐欺犯罪」の知られざる正体に迫る!

1110 若者はなぜ「決めつける」のか ——壊れゆく社会を生き抜く思考
長山靖生
すぐに決断し、行動することが求められる現在。まともな仕事がなく、「自己責任」と追い詰められ、若者が「決めつけ」に走る理不尽な時代の背景を探る。

1116 入門 犯罪心理学
原田隆之
目覚ましい発展を遂げた犯罪心理学。最新の研究により、防止や抑制に効果を発揮する行動科学となった。「新しい犯罪心理学」を紹介する本邦初の入門書!

ちくま新書

1120 ルポ 居所不明児童 ——消えた子どもたち
石川結貴
貧困、虐待、家庭崩壊などが原因で、少なくはない子どもたちの所在が不明になっている。この国で社会問題化しつつある「消えた子ども」を追う驚愕のレポート。

1125 ルポ 母子家庭
小林美希
夫からの度重なるDV、進展しない離婚調停、親子のギリギリの生活……。社会の矛盾が母と子を追い込んでいく。彼女たちの厳しい現実と生きる希望に迫る。

1124 チームの力 ——構造構成主義による〝新〟組織論
西條剛央
一人の力はささやかでも、チームを作れば〝巨人〟にだってなれる。独自のメタ理論を応用し、チームの力を最大限に引き出すための原理と方法を明らかにする。

1129 地域再生の戦略 ——「交通まちづくり」というアプローチ
宇都宮浄人
地方の衰退に伴い、鉄道やバスも消滅の危機にある。再生するためには「まち」と「公共交通」を一緒に変えるしかない。日本の最新事例をもとにその可能性を探る。

1159 がちナショナリズム ——「愛国者」たちの不安の正体
香山リカ
2002年、著者は『ぷちナショナリズム症候群』で「愛国ごっこ」に警鐘を鳴らした。あれから13年、安倍内閣、ネトウヨ、安保法改正——日本に何が起きている?

1148 文化立国論 ——日本のソフトパワーの底力
青柳正規
グローバル化の時代、いま日本が復活するカギは「文化」にある! 外国と日本を比較しつつ、他にはない日本独特の伝統と活力を融合させるための方法を伝授する。

1149 心理学の名著30
サトウタツヤ
臨床や実験など様々なイメージを持たれている心理学。それを「認知」「発達」「社会」の側面から整理しなおし、古典から最新研究までを解説したブックガイド。